삶을 대하는 시선 '식' 시리즈

이은 산문집
표현의 방식

Series, way

삶을 대하는 시선 '식' 시리즈

이은 산문집
표현의 방식

나에게 음식食은 표현의 방식式이다.

일러두기

일부 표준어가 아닌 단어는 글맛을 살리기 위해 그대로 두었습니다.

프롤로그
초대, 마음의 식탁으로

 우리 가족의 구성은 사람 둘과 강아지 둘. 실질적으로 식탁을 이용하는 건 사람 둘뿐이지만, 집에는 8인용 식탁이 놓여 있다. 심지어 확장이 가능해 열두 명까지도 너끈히 앉을 수 있을 정도로 커다랗다. 단출하게 둘이 살면서 8인용 식탁을 들인 이유는, 우리가 지나온 시간들 속에 고스란히 담겨 있다.

 예전 집엔 식탁이 없었다. 밥을 먹을 때면 작은 밥상을 폈고, 손님이 올 때면 네모난 교자상이 등장했다. 그 위에서 우리는 밥을 먹었고, 술잔을 기울였으며, 추억을 꺼내고 내일을 이야기했다. 어떤 것들은 휘발되어 날아갔고, 어떤 것들은 무겁게 가라앉아 마음 깊이 자리 잡았다. 남편과 오붓하게 보내는 시간도 따뜻했지만, 왁자지껄하게 사람들이 모여드는 순간은 일상 속 작은 축제 같았다.

 남편이 어려서부터 살아온 동네라 가까이 사는 친구들이 많았다. 남편의 오랜 친구들과 나의 소중한 지인들이 우리 집을 자연스레 사랑방 삼아 드나들곤 했다. 그들의 방문은 번거로움이 아닌, 오히려 일상 속 기쁨이자 삶의 풍요로움을 더해주는 것이었다. 때로는 내가 먼저 남편에게 친구들을 집으로 초대하자고 말하기도 했으니까. 그곳이 어디든, 굳이 집이 아니어도 좋은 사람들과 맛있는 음식을 나누는 시간은 삶의 커다란 즐거움 중 하나였다.

이사하면서 8인용 식탁을 들인 건, 바로 그 때문이다. 번거롭게 교자상을 폈다 접는 수고로움을 대신해, 언제든 편하게 둘러앉아 소중한 시간을 즐기고 싶은 마음이랄까. 마음껏 사람들을 초대해 맛있는 음식을 함께 나누며 추억을 꺼내고 새롭게 쌓아가고 싶었다. 하지만 이사 후 거리가 멀어지면서, 처음 의도와는 달리 식탁을 확장할 기회는 좀처럼 오지 않았다.

그러다 마침 오래된 인연을 집으로 초대한 날이 있었다. 신경 써서 메뉴를 정하고 디저트까지 꼼꼼하게 준비했다. 차돌과 전복, 가지 등을 넣은 솥밥에 된장찌개를 곁들였고, 직접 튀긴 고추부각과 정성껏 준비한 반찬을 함께 내었다. 디저트로는 곶감, 보늬 밤, 단감에 크루아상까지. 무엇을 좋아할지 몰라 다양한 선택지를 내놓은 셈이다. 따끈한 밥에 밑반찬만 내어도 불편하지 않을 사이였지만, 그렇게 정성껏 메뉴를 정하고 차린 건 그들을 향한 내 마음을 담고 싶기 때문이었다. 그날의 메뉴가 모두를 만족시켰는지는 모르겠다. 입맛의 차이는 있었을지 몰라도, 아마도 준비한 마음만큼은 충분히 전달되지 않았을까. 사실, 음식 그 자체가 중요한 건 아니다. 함께한 시간, 나눈 이야기, 그리고 대접하고 또 받는 마음이 식탁을 가득 채웠으니까.

『표현의 방식』을 준비하면서 누군가를 내 집에, 내 식탁으로 초대하는 기분이었다. 어떤 것을 좋아할지 몰라 이것저것 준비하고 싶었지만, 결국 내가 나누고 싶었던 이야기, 가장 대접하고 싶었던 마음을 꺼내어 차렸다. 한 문장 한 문장에 한 끼의 밥을 짓는 마음을 담았다.

 부디 많은 분들이 이 책이라는 식탁에 찾아와주시기를. 8인용 식탁이 확장되듯, 이 책이 당신의 마음속에 따뜻한 한 끼를 차려주는 계기가 되기를 바란다. 나아가 나만의 이야기가 아닌, 당신의 이야기도 나눌 수 있게 된다면 더할 나위 없이 좋을 것 같다.

목차

5 프롤로그 : 초대, 마음의 식탁으로

1부. 한 그릇의 진심

14 표현의 방식

23 행복의 냄새

31 도시락 앞의 소녀

44 그의 주말 한 끼

54 아직 연습 중

63 조카의 미역국

73 와플

76 마늘국

83 불안과 결핍

92 형수님의 민물 매운탕

2부. 마음의 맛

108 밥 : 짓다

117 보늬 밤 : 고생 끝에 얻는 달콤함

125 곳간을 채운다는 건 : 엄마와 냉장고

137 비닐 봉다리 속의 그건 : 고마움

148 엄마의 손맛 : 영란 씨의 비법 양념

157 꿀 : 오늘도 열심히 꿀 빨겠습니다

166 감 : 까치밥1

173 시절인연 : 까치밥2

180 귤 : 콧노래

186 커피 : 달콤 쌉싸름한 당신의 닉네임

194 사진 : 술과 결혼식과 아버지

3부. 식탁 위의 다리

206 프라이팬 카스텔라

218 대왕 비빔국수

223 그 시절, 우리가 사랑했던 아침밥

232 따뜻하게 데운 베이글에 크림치즈

241 "내가 한 게 더 맛있다니까."

251 대용량 고등어조림

1부
한 그릇의 진심

한 사람이 다른 사람을 위해 준비하는 한 그릇의 음식엔

다양한 형태의 마음이 담긴다고 믿는다.

나에게 음식食은 표현의 방식式이다.

표현의 방식

 6월 말, 여름이었다. 햇살은 이미 봄의 잔 기운을 밀어내고 그 햇살에 바람마저 데워지는, 다양한 초록이 가득한 계절이었다. 그날은 출판사 편집장님과의 만남이 있는 날이었다. 종각역 1번 출구 계단을 걸어 올라가 마주한 하늘은 유독 선명하고 파랬다. 약속 장소에 도착해 문을 열기 전 심호흡을 했던 건 계단을 서둘러 오르며 가빠진 숨을 고르기 위해서만은 아니었다. 나는 긴장하고 있었다. 그 순간 내 심장이 어느 정도의 빠르기로 뛰고 있는지가 정수리에서부터 발가락 끝까지 온몸에서 느껴질 만큼. 그러니 인사를 하고 자리에 앉았을 때 동공이 흔들리는 건 물론이거니와 웃으면서 밀어 올린 광대에 미세한 떨림이 있었던 것도 당연하다. 최대한 자연스러워 보이려 애썼으나 감춰지지 않는 초조함은 이미 다 들켰다 해도 어쩔 수 없는 일이었다.

 얼음이 가득 들어 있는 아이스 아메리카노와 아이스 라테를 사이에 두고 입가에 얹은 웃음은 어색함을 풀어보기 위한 나름의 아이스 브레이킹이었다. 다행히 걱정했던 것만큼 어색하고 불편한 자리는 아니었다. 내 앞에 앉은 사람은 마치 '어떤 얘기라도 다 들어줄게. 그러니 무슨 얘기건 편하게 해. 난 들을 준비가 이미 되어 있어'라는 얼굴을 하고 있었으니까. 그 표정과 눈빛과 말투에서는 하나의 가식도 느껴지지 않았다. 분명 일로 만난 사이임에도 내 앞에 앉은 이는 어느 순간엔 눈에 눈물이 가득 차오르고, 또 어느 순간엔 잇몸을 만개하며 웃어 보였다. 그래서인지 사정없이 긴장하고 있던 나는 완전히 빗장이 풀려버리고 말았다. 집으로 돌아와 무장해제되었던 그 시간의 나를 후회했을 정도로.

이야기를 나누던 중 콩국수를 좋아하느냐고 내가 물었다. 아마 그날의 만남이 있을 즈음에 그해 첫 콩물을 만들었을 거다. …라고 쓰고는 몇 년째 매달 쓰고 있는 지난 밥상 일기를 찾아보았더니, 역시나 그 만남이 있기 바로 직전에 콩국수를 만들어 먹었던 기록이 있다. 이래서 기록이 중요하다. 당장 어제 뭘 먹었냐 물어도 '뭐 먹었더라?' 하고 생각해야 하는데 몇 달 전, 혹은 몇 년 전 내가 먹은 음식을 떠올리기 어려운 건 당연한 일. 그러니 기억해내지 못한다거나 의도하지 않아도 아주 높은 확률로 기억의 조작이 이루어질 수 있겠지. 그게 어디 먹는 것뿐일까.

다시 돌아와, 당시 대화의 흐름은 퍽이나 자연스러웠겠지만 대체 무슨 말을 하다가 콩국수 이야기를 꺼냈는지는 기억나지 않는다. 그거야 별로 중요한 건 아니니 기억해내려 굳이 애쓸 필요는 없고.

"콩국수 좋아하세요?"

"그럼요. 없어서 못 먹죠!"

그 대답이 그렇게 반갑게 다가올 수가 없었다.

지금의 나는 콩국수를 참 좋아하지만, 콩국수를 즐겨 먹기 시작한 건 어른이 되고서도 한참 후였다. 어린 시절 나에게 콩이란 늘 밥그릇 밖으로 빼내기 바빴던, 왜 먹는지 도무지 이해할 수 없던 식재료였으니. 언제부터였을까. 음식점에 여름 메뉴로 콩국수가 등장하면 내심 반갑기 시작했다. 그건 이제부터 더워질 거라고, 여름이 당장 코앞까지 왔다는 신호처럼 여겨지기도 했다. 날씨가 더워지면 자연스레 콩국수를 찾았고 급기야 어느 순간부터는 직접 만들어 먹게 되었다. 마치 우리 집에 여름이 왔다는 증거처럼. 만드는 과정엔 적지 않은 시간과 여러 번의 손길이 필요하지만 그만큼 마음이 없이는 할 수 없는 일이다.

"콩국수 좋아하세요?"라고 던진 질문은 내가 좋아하는 콩국수를 내 앞의 당신도 좋아하는지 궁금한 마음이면서, 그 너머로는 좋아하면 참 좋겠다는 바람이다. 당신을 더 알고 싶다는 얘기인 동시에 기회가 된다면 함께 먹고 싶다는 제안이기도 하다. 더 나아가 여차하면 내가 당신에게 시간과 마음이 담긴 그 콩국수를 대접하고 싶다는 말이기도 하다.

 어느덧 우리 사이에 놓인 컵 속의 얼음은 이미 다 녹아 사라졌다. 그저 촉촉하게 젖은 테이블만 얼음이 있던 흔적을 보여줄 뿐이었다. 그렇게 얼음이 녹아가는 동안 내 마음도 사르르 녹아내렸다.

 9월. 긴 여름의 끝자락과 짧은 가을의 시작이 얄궂게 맞물리는 시기. 여름이 끝났다는 말을 믿기 어려울 만큼 한낮엔 햇볕이 뜨거워 아이스 아메리카노를 찾지만, 해가 지면 어김없이 서늘한 기운이 내려앉아 옷깃을 여미게 만드는 계절이었다.

 약속한 만남 하루 전, 콩을 씻고 물에 담갔다. 다음 날 아침, 밤사이 몸집을 잘 불려놓은 콩을 삶기 시작했다. 조금씩 뜨거워지는 냄비 앞에서 소금 통을 들고 고민에 빠졌다. 나는 주로 소금을 넣지 않은 콩물을 먹지만 그렇지 않은 사람들도 많으니까. 그렇다면 간을 조금이라도 해야 할까. 누군가는 소금을 넣고 또 누군가는 설탕을 넣을 텐데, 어느 쪽일까. 이게 뭐라고 고민을 하는 건지. 내 입에 맛있는 게 누구에게라도 맛있을 거라는 마음으로 결국 내 입맛대로 만들겠지만. 그래도 어지간히 맛있게, 이왕이면 그의 입에 맞게 만들고 싶었나 보다.

당연한 얘기지만 이렇게 다른 누군가를 위한 음식을 준비할 때는 유난히 더 신경이 쓰인다. 소금을 넣은 이후에도, 이 정도면 괜찮을까? 싱거운가? 아니, 짠가? 하는 고민은 계속된다. 으… 안 돼. 적당한 선에서 자르지 않으면 간도 맘도 모두 다 산으로 간다. 산으로 가버리기 전에 단디 붙들어 매야지. '적당히' 간을 하고 한 김 식혀 믹서기에 넣어 갈아준다. 윙윙. 윙이윙. 맛있게 갈아져라. 부드럽게 갈아져라. 갈려지는 콩 사이사이로 마음이 잘 스며들게 주문을 외웠다.

편집장님께 보냉백에 담긴 콩물을 건네면서도, 혹시 짜면 물을, 싱거우면 소금을 조금 더 넣으라는 말을 보탰다. 그 순간의 말은 문장처럼 간결하지 못한 채 앞의 고민같이 사정없이 길어졌다. 마음 같아선 '오다 주웠다' 하고 툭 던지는, 무심한 시크를 흉내 내고 싶었지만, 그러기엔 나란 사람은 시크와는 거리가 먼 아줌마인걸. 자신이 지향하는 스타일이나 이미지를 추구미라고 한다지. 하지만 아무리 생각해봐도 나는 그쪽과는 거리가 멀다. 시크는 무슨. 어울리지도 않고 잘하지도 못하는 걸 따라 하려다가는 맞지 않는 신발을 신고 뒤뚱거리는 것과 다르지 않을 거다. 그냥 다정하고 유쾌한 아줌마가 낫겠다. 나의 추구미는 그쪽인 걸로. 그런데 설마 소금이 아닌 설탕 파인 거 아냐? 아, 안 돼, 그만⋯.

해가 바뀌고 다시 또 여름이 되었다. 어느새 아침 창문으로 쏟아지는 햇살이 다시 콩물을 삶을 때가 왔다고 속삭이기 시작했다. 겨울을 보내는 사이 두유 제조기를 구입했다. 불리고 삶고 갈아내느라 반나절은 족히 시간을 써야 얻을 수 있는 콩물을 이제는 고작 30분 만에 만날 수 있다. 깨끗하게 씻은 콩을 넣은 후 시작 버튼을 누르고 집안일을 하다 보면 어느덧 부드럽고 고소한 콩물이 완성된다. 세상 진짜 좋아졌다! 이런 말은 너무 나이가 들어 보여서 최대한 피하고 싶지만, 아날로그와 디지털을 모두 겪은 세대여서인지 더 적절한 말이 떠오르질 않는다.

유독 더워진 날씨. 올해의 첫 콩국수를 먹으려 만들어놓은 콩물을 냉장고에 넣다가 문득, 콩국수 좋아하냐 물었던 그날의 첫 만남이 떠올랐다. 그러고 보니 딱 1년 전이다. 어느새 1년이 지나갔구나. 어쩐지 앞으로 매해 이맘때 첫 콩국수를 먹을 때마다 그날의 만남이, 유난히 파랗던 하늘이, 눈빛부터 다정하던 그 얼굴이, 녹아 내려가던 컵 속의 얼음이 이렇게 반사적으로 떠오를 것만 같다. 연락을 해봐야지. 보고 싶은 마음을 담아…

"우리, 여름이 가기 전에 같이 콩국수 먹을래요?"

행복의 냄새

 과거 엄마가 되고 싶어서 발버둥 치던 시절, 지푸라기라도 잡는 심정으로 바디버든(body burden: 일상적으로 사용하는 화장품이나 플라스틱 용기의 화학 성분 또는 환경호르몬 등 유해 물질이 체내에 쌓인 총량)을 줄이는 일에 최선을 다했다. 이를테면 일회용 생리대 대신 면 생리대를 사용한다거나, 화장품의 성분을 따져보며 최대한 유해 물질이 적은 제품을 사용하는 식으로. 그 일환으로 전기밥솥을 치우고 압력밥솥을 사용하기 시작한 것이 지금까지 이어지고 있다.

 압력밥솥을 사용하기 시작하면서는, 웬만하면 그날 먹을 만큼의 밥을 짓는다.

 나는 집으로 출근하는 전업주부다. 내게 출근 준비는 주부 모드로 마음의 설정값을 바꾸는 것과 노동복인 앞치마를 두르는 것이 전부다. 덕분에 적어도 출퇴근을 위해 길에서 보내는 시간은 없으니 직장인보다 비교적 여유가 있다. 그래서 매일 새 밥을 짓는 일이 가능한 거겠지. 출퇴근의 경계가 없어 누구도 알아주지 않는 야근과 휴일 근무가 기본값이기는 하지만, 이 자리에서 전업주부의 티 나지 않는 수고에 대해 말하려는 것은 아니니 넣어두기로 하고.

평일 중, 남편과 내가 함께 밥을 먹는 때는 저녁 한 끼뿐이다. 그래서 그 시간을 대충 넘기고 싶지는 않다. 어떤 이들은 밥 먹는 걸 대수롭지 않게 여기며 그냥 아무렇게나 먹으면 어떻냐고 할지 모른다. 나는 우리가 법적으로 묶여 있는 가족인 동시에 함께 밥을 먹으며 일상을 공유하는 식구食口이기를 바란다. 우리는 식탁에서, 특히 밥 먹는 시간에 많은 이야기를 나눈다. 그 순간은 그저 단순히 밥 먹는 것에만 그치는 것이 아닌, 각자의 자리에서 각자의 하루를 보낸 서로를 알아봐주는 시간이다. 하루 동안 있었던 일들, 속상했던 마음, 당면한 고민거리, 재밌었던 순간을 공유하면서 지난 일을 곱씹거나 내일을 계획한다. 밥만 먹는 게 아니라 그런 시간까지도 함께 먹는 사이. 나는 그 시간이 더 따뜻할 수 있도록 정성이라면 정성을, 최선이라면 최선을 다하고 싶다.

　퇴근하는 사람을 기다리며 새 밥을 짓는다는 건 수고한 오늘의 당신을 맞이한다는 뜻이다. 쌀을 씻고 밥물을 맞추고, 불을 켜는 행위 하나하나에도 환대의 마음을 담는다. 같은 이유로 남편이 미운 날엔(그런 날이 당연히 있을 수 있잖아요?) 밥을 짓지 않는다. 그렇다고 알아서 먹으라는 건 아니고, 함께 먹기는 하되 라면 한 그릇을 먹더라도 외식을 한다. 미운 마음을 갖고 저녁 식사를 준비했다가 그 마음이 음식에도 스며들면, 어떻게 해도 간이 잘 맞지 않는다. 지나치게 맵거나 짠, 혹은 맵지도 짜지도 않은… 네 맛도 내 맛도 아닌 맛이 되어버려 당황했던 적이 한두 번이 아니다. 문제는 남편이 먹을 음식에만 미운 마음의 조미료를 넣는 방법을 몰라 결국엔 나도 그 요상한 음식을 먹어야 한다는 것. 그러니까 그런 날엔 남의 손을 빌리는 것이 상책이다. 그렇게 외식을 하면 미운 마음도 밥과 함께 씹어 삼키게 된다. 화를 오래 담아두지 못하는 성격이 한몫하기도 할 테지만, 덕분에 집으로 돌아올 땐 놀랍게도 새로운 마음이 된다.

어제는 오래된 열무김치의 양념을 털어내고 들기름에 볶았다. 내가 해놓고도 맛이 얼마나 좋던지. 갓 지은 따끈한 밥과 함께 먹을 생각만으로도 침샘이 자동으로 열리는 순간의 설렘이란. 하지만 남편으로부터 퇴근 시간을 앞두고 갑작스레 저녁 약속이 생겼다는 연락을 받았다. 활짝 열렸던 침샘은 순식간에 닫혀버렸다. 에이 참. 예고에 없던 혼밥이라니. 계획이 틀어졌다. 냉동해둔 밥을 데우면 되겠지만 이럴 때는 그마저도 없다. 물론 혼자 밥을 먹을 때도 새 밥을 짓는 날이 더러 있기는 하다. 한 2~3일 밥이 아닌 다른 메뉴를 먹어 순수하게 '밥'이 먹고 싶을 때라거나, 어쩐지 나 스스로를 대접하고 싶은 날엔 순전히 나만을 위한 밥을 짓기도 한다. 하지만 어젠 특별히 밥을 먹고 싶은 날도, 나를 대접하고 싶은 날도 아니었다. 그저 볶아놓은 열무김치가 먹고 싶었던 것뿐이라 굳이 쌀을 씻고 불려서 밥을 지을 마음까지는 없었다. 참 이상하지. 함께 먹는 식사를 준비하면서 짓는 밥은 그렇지 않은데, 혼자 먹는 밥을 짓는 일 앞에서는 왜 이렇게 귀차니즘이 내 발목을 잡는 건지 알 수 없는 노릇이다.

종이책 냄새, 커피 내리는 냄새, 빵 굽는 냄새, 그리고 밥 짓는 냄새. 내가 생각하는 행복의 냄새다. 그래서인지 코스트코에 가서 에스컬레이터를 타고 아래로 내려가는 길에는 조금 두근거리기도 한다. 코로 냄새를 맡기 전 이미 머리로 냄새를 떠올리고 있다고 해도 과언은 아니다. 마주 오는 에스컬레이터의 다른 손님이 볼까 부끄럽기는 하지만, 이따금 냄새를 흡입하듯이 코를 벌름거리기도 한다. 그러니 코스트코에서 에

스컬레이터를 타고 내려오며 킁킁거리는 사람을 보더라도 부디 이상하게 생각하거나 비웃지는 말아주시기를. 분명 행복의 냄새를 맘껏 들이마시는 중일 테니까. 맛을 떠나서 빵 굽는 그 냄새가 그렇게도 행복하게 다가올 수 없다. 같은 이유로 카페 문을 열고 들어가는 순간에 설레고, 압력밥솥의 추가 돌아가는 순간에 행복을 느낀다. 전자책보다는 종이책을 고집하는 이유이기도 하고.

밥 짓는 냄새를 행복의 냄새로 여기지만, 이상하게도 혼자 먹을 때는 새 밥을 짓지 않게 된다. 혼자 있는 시간을 기꺼이 즐기기도 하지만, 아끼는 사람과 함께 빵을 먹고 커피를 마시고 밥을 먹으며 느끼는 행복은 톤이 조금 다르다. 혼자서는 단조라면 함께일 땐 장조의 느낌. 혼자서는 정적이라면 함께일 땐 조금이나마 동적인 느낌. 혼자서는 비가 갠 후 촉촉한 공원에서의 느릿한 산책이라면 함께일 땐 눈이 부시도록 화창한

날의 경쾌한 산책 같은 느낌. 그래서 주로 혼자 있을 때 책을 읽는다. 조금은 차분한 무드가 책 읽기엔 더 좋으니까.

쓰다 보니 알겠다. 혼자 먹는 밥을 새로 짓는 일에 주저하는 이유가 그래서일 수도 있겠구나. 단순하게 귀차니즘이 발목을 잡는다고는 했지만 사실은 혼자서라면 조금은 단조이고 싶고, 정적이고 싶은 것과 같달까. 그래서 새 밥을 짓는 대신에 최대한 간단하게 먹고 싶은 것이었는지도. 함께가 아니라서.

오늘도 나는 남편의 퇴근 시간을 확인하고 환대의 마음을 담아 새 밥을 짓는다. 도착 예정 시간에 맞춰 2인분의 쌀을 씻고 불리고 불을 켠다. 중간 불에서 칙칙칙칙, 추가 돌기 시작하면 4분을 기다린다. 불을 끄고 뜸이 드는 사이 힘껏 올라왔던 압력기가 다시 제자리로 돌아간다. 숨을 한 번 고르고 손잡이를 비틀어 뚜껑을 열면, 새벽 물안개보다 짙은 김이 피어오른다. 갓 지어진 밥 냄새, 오늘치 행복의 냄새를 맡는다. 어제 먹지 못한 볶음김치는 오늘 먹어야지. 먹고 싶은 마음을 하루만큼 숙성시켰으니 더욱 맛있어졌을 거다.

 어쩜 입에 넣는 순간 나도 모르게 콧노래를 부를지도 모르겠다. 우리의 식탁에서 오늘은 또 어떤 이야기가 오갈까. 언제나처럼 꼬리에 꼬리를 물고 예상하지 못한 방향으로 이야기는 흘러가겠지만 상관없다. 어느 방향으로 향하건 의미 있는 시간이 될 테니까.

도시락 앞의 소녀

　한때 수락산 날다람쥐로 불리던 나의 엄마 영란 씨. 어느 날 발목을 다쳤고 병원에서 '평지에서 하는 운동을 하시라'는 의사 선생님의 말씀을 들었다고 했다. 꼭 그래서인지는 알 수 없지만 이제는 산에서 땅으로 내려와 탁구장을 산처럼 열심히 다니신다. 장소가 바뀌었을 뿐 열정은 그대로다. 선수 같은 탁구복을 입고 리그전도 다니시고 순위에 올라 양말부터 러버(rubber: 탁구채에 붙어 있는 고무판)까지 상품으로 받아오시는 모습이 놀랍다. 하기야, 날다람쥐 시절에도 그냥 산만 다닌 게 아니라 바위를 타고 다니셨더랬지. 한번은 영란 씨가 산에 오른 모습을 사진으로만 보다가 따라나선 적이 있었는데, 아무렇지도 않게 바위에 오르는 모습을 보고 내 다리가 다 후들거렸다. 지금 생각해도 아찔하다.

　그랬던 영란 씨가 남편, 그러니까 아버지가 돌아가신 후 달라졌다. 모두가 잠든 늦은 밤, 불면에 시달리던 영란 씨는 아파트 단지를 홀로 걸었고 식사를 잘 챙기지 않아 눈에 띄게 살이 빠졌다. 운동이 인생의 낙이라던 분이 극심한 무력감과 우울감에 빠져 운동을 멀리하기도 했다. 그렇게 몇 달을 보내다 인테리어 공사를 하게 되었다. 보일러가 고장 난 채 겨울에도 냉골에서 몇 년을 보낼 수밖에 없던 낡은 아파트. 번거로운 게 싫다던 아버지 때문에 차일피일 미루기만 했던 공사를 드디어 하게 된 거다. 거의 리모델링에 가까운 한 달 일정의 공사 기간. 영란 씨는 나와 함께 지내게 되었고, 그 시간은 다행히도 당신의 리듬을 다시 찾아갈 수 있는 전환점이 되어주었다.

그 시기의 영란 씨는 마치 잃어버린 시간을 되찾으려는 듯 그동안 하지 못했던 것을 몰아서 하는 사람 같았다. 인천에서 서울까지, 우리 집에서 영란 씨의 탁구장까지는 편도 두 시간이 넘게 걸렸다. 버스를 타고 전철을 타고 다시 또 버스를 타면서 주에 최소 두 번은 당신 동네의 탁구장으로 운동을 다니셨으니. 도대체 그 에너지는 어디에서 나오는 걸까. 지금 생각해도 대단하다는 말밖에 나오지 않는다. 스무 살의 청년도 그러기는 힘들지 않을까? 아닌가? 스무 살의 체력이 어떤지 나에게는 너무 과거라 기억이 잘 나지 않고, 40대인 지금의 나는 생각만으로도 벌써 지친다. 운동을 가지 않는 날이라고 집에서 온전히 쉬기만 하신 것도 아니다. 동네 뒷산으로, 공원으로, 그것도 아니면 아파트 커뮤니티의 헬스장으로 끊임없이 다니셨으니. 그 덕분인지 잠을 못 잔다던 사람은 어디 가고 밤만 되면 일찍 잠자리에 들어 아침까지 통잠을 주무셨다. 식사도 하루 세끼에 간식까지 아주 잘 드셨다.

역시 마음이 시끄러울 땐 몸을 써야 한다. 몸을 쓰는 동안엔 생각을 잊고, 피곤한 몸을 뉘었을 땐 생각의 늪이 아닌 잠에 빠져들 수 있으니까. 가장 단순하면서도 효과적인 방법이다. 아무리 소싯적 수락산 날다람쥐고 리그전을 도장 깨기 하듯 다니는 분이라지만, 주에 몇 번씩 왕복 다섯 시간 가까운 거리를, 심지어 운동까지 하며 다니는 게 보통 일은 아니었을 테지. 덕분에 불면은 자연스레 사라졌고 푹 꺼졌던 볼도 다시 차올랐다. 비록 내 볼살도 쓸데없이 같이 차올랐다는 부작용도 따랐지만.

평소 운동 갈 때 먹을거리를 챙겨 다니시는 걸 알고 있었다. 배가 부르면 몸이 무거워 운동이 힘들고, 운동하는 시간이 길어지면 허기가 지니 중간에 가볍게 도시락처럼 먹을 것을 챙기시는 거다. 그걸 알면서 모른 체할 수는 없었다. 더구나 탁구장이 코앞도 아니고 무려 인천에서 서울이 아닌가. 운동 가는 엄마에게 뭐라도 좀 싸드릴까 여쭈니 번거롭게 뭘 하느냐며 아무것도 하지 말라고는 하시는데…. 자, 여기서 놓치지 말아야 할 포인트는 정말 당신에게 필요하지 않아서가 아니라는 데에 있다. 번거로운 건 도시락을 들고 가는 '내'가 아니라 음식을 만드는 '너'에 있다는 걸 사회생활을 해본 사람이라면 누구라도 눈치챌 수 있을 거다. 물론 모녀지간에서는 사회생활이라기보다 배려라고 하는 쪽이 더 맞겠지만. 하지 않던 것을 하려니 귀찮기는 하겠지. 이른 아침에 출발하시니 더 이른 시간에 일어나 준비해야 하는 게 당연히 번거롭기도 하겠지. 하지만 매일이 아니라 일주일에 고작 두어 번. 그마저도 한 달이라는 기간이 정해져 있는 거니까 해드리고 싶었다. 이왕이면 평소 엄마는 싸지 않았을 메뉴들로.

도시락을 싸기 전 시식 삼아서 샌드위치를 만들었다. 견과류가 푸짐하게 들어있는 빵을 굽고 홀그레인 머스터드와 꿀을 섞은 소스를 발라준다. 그 위로 치즈와 달걀, 햄과 당근 라페, 양상추 등 모든 재료를 푸짐하게 올리고 다시 빵으로 덮어주면 끝. 과연 입맛에 잘 맞을까, 걱정하지 않을 수 없었다. 영란 씨는 표정을 감추지 못하는 분이다. 익숙하지 않은 음식에 낯가림도 심하고 입에 맞지 않는 걸 억지로 드시지도 않는다. 음식을 만든 사람의 성의를 거절하지 못했다가 탈이 난 적이 여러 번이어서 더욱 조심하신다. 딸이 해준 음식이라도 예외는 없다. 긴장하는 마음으로 샌드위치를 내놓았을 때, 나는 봤다. 분명 '만들었으니 어디 한번 먹어는 볼게' 하던 영란 씨의 표정이 처음 한 입 맛을 보고는 달라지는 걸. 샌드위치를 씹으며 입에는 웃음이 실리고 눈에는 반짝 빛이 담기는 걸. 그래, 간단하지만 맛이 없을 수가 없거든, 이게. 앞에 있는 샌드위치를 다 드시기도 전에 "내일 이거 두 개 싸줘"라고 말씀하신 걸 보면 분명 합격이었다. 그렇게 첫 도시락은 샌드위치가 되었고, 어느 날은 나물이나 매운 어묵을 넣은 김밥이, 또 어느 날은 닭가슴살과 살사 소스를 넣은 치킨 랩이 되기도 했다.

다소 유난스럽다고 볼 수도 있겠지만, 매번 밥상을 차려놓고 먹기 전 사진을 찍는다. 일부일지라도 그날의 기록이 되니까. 그러나 도시락을 싸면서는 그러질 못했다. 내게는 더 특별한 기억으로 남겨지게 될 순간들이라 사진으로 남길 이유가 그 어느 때보다 충분했는데도 마음만큼 손이 따라주질 못했다. 아침에 도시락을 싸는 건 예상했던 것보다 더 정신이 없었다. 사진 한 장 찍을 여유조차 갖지 못할 정도로.

  도시락을 싸면서 딸인 내가 어느덧 엄마의 보호자가 되었다는 걸 실감했다. 자식이 나이 들어가는 동안 부모님은 노인이 되어가면서 자연스레 겪는 일이기도 하다. 그동안 많은 순간 다양한 방법으로 깨달아왔지만, 도시락을 싸면서 느낀 감정은 무척 새로웠다. 우리가 마주 앉아 함께 먹는 식사가 아닌, 엄마가 밖에 나가서 드시는 끼니를 내 손으로 챙긴다는 것에서 어떤 책임감을 느꼈다고 해야 할까. 물론 그 한마디로는 다 설명이 안 되는 조금 더 복합적인 감정이지만 말이다.

  김밥을 싼 어느 날이었다. 영란 씨는 탁구 라켓과 운동복이

든 가방은 등에 메고 한쪽 어깨에는 도시락 가방을, 다른 어깨엔 과일과 텀블러가 든 가방을 멨다. 짐이 많아서 무거웠을 텐데도 현관을 나서는 영란 씨의 발걸음은 깃털처럼 가벼워 보였다. 엘리베이터를 기다리며 서서는 도시락 싸서 소풍 가는 기분이 들어 신난다며 웃는다. 칠십 평생 처음인 것 같다고. 그 모습이 사랑스러워 그대로 저장하고 싶어졌다. "엄마, 여기 좀 봐." 사진을 찍겠다고 핸드폰을 드는 내게 브이를 해 보인다. 우리 영란 씨. 오늘 진짜 신났구나. 잘 다녀와요. 사진 속엔 소녀 영란이 웃고 있었다. 그렇게 찍은 사진을 핸드폰 화면이 어두워질 때까지 들여다보았다. 화면이 어두워지자 까맣게 잊고 있던 기억 하나에 반짝 불이 들어왔다.

아마도 중학생 때였던 것 같다. 어느 날 엄마는 네모난 도시락통에 밥과 반찬을 넣어주며 '이렇게 넣고, 뚜껑 열지 말고, 잘 흔들어주면, 통 안에서 밥이랑 반찬이 지들끼리 비벼져서 맛있을 거'라고 했다. 재미있을 거라고도 말했다. 왜 그거 있지. 술집에서 가끔 별미 안주처럼 보이는 추억의 옛날 도시락. 술집에서 파는 옛날 도시락엔 햄이라도 들어 있지만, 엄마가 싸주는 '추억의' 도시락에 햄은 없었다. 멸치와 고추장, 그리고 달걀프라이가 전부였을 뿐. 마음으로는 재미 같은 건 필요 없으니 그냥 평소처럼 싸달라는 말을 하고 싶었다. 실수인 척 도시락통을 집에 두고 가고도 싶었다. 하지만 현실의 나는 싫다는 말도 하지 못했고, 실수인 척하는 연기도 하지 못했다.

 점심시간이 되어 도시락을 꺼냈을 때, 엄마의 말처럼 야무지게 흔들어서 밥과 반찬들이 잘 섞이게 만들어야 하는데 도시락을 앞에 두고 나는 어쩐지 부끄러워졌다. 친구들과 모여 앉으면서 내내 고민했던 것 같다. 정말 흔들어야 하나. 어떻게 해야 하지. 결국, 흔들어 비비지 않고 그냥 도시락 뚜껑을 열었다. 흔들지 않았는데도 반찬과 고추장은 이미 경계가 사라져 하얀 밥을 물들여놓았다. 그대로 뚜껑을 다시 덮고 싶었다.

아무렇지 않게 먹었는지, 숟가락으로 잘 비벼서 먹었는지, 아니면 다시 뚜껑을 덮었는지 어쨌는지는 기억이 나지 않는다. 그저 그 순간의 당혹스러움만 남아 있을 뿐이다.

영란 씨는 기억조차 못 할 그날의 도시락이 이상하게 내 뒷덜미를 잡는다. 떠올릴수록 뻐근해진다. 나는 도시락 가방을 들고 집을 나서며 아침의 영란 씨처럼 웃었던 적이 있었을까. 그날의 엄마는 그 도시락을 싸면서 정말 재미있는 경험이라고 생각했던 걸까. 그렇다면 사춘기 딸의 마음을 너무 몰라준 거라 야속하고⋯ 딱히 싸줄 반찬이 없어서였다면, 하, 이건 좀 슬픈데⋯.

아마도 엄마는 몰랐을 거다. 칠십 평생 처음이라는 당신 말씀처럼 애정이 담긴 도시락을 받아본 적이 없었을 거고. 그저 당신에게 재미있는 기억으로 남은 것을 딸에게 해주고 싶은 마음이었을지 모른다. 그런 생각이 사춘기 소녀의 마음을 헤아리는 데까지는 미치지 못했을 뿐이겠지… 라고 이해하는 수밖에.

 그날로부터 다시 또 시간이 흘렀다. 영란 씨와 통화를 하다 기어코 묻고 말았다. "엄마, 혹시 기억나?"로 시작된 그날의 얘기엔 원망 같은 마음은 없었다. 그저 말 그대로 궁금했을 뿐. 바로 며칠 전의 일도 아니고 수십 년 전의 일을 기억할 리 없을 테지만 그럼에도 불구하고 묻고 싶었다. "그런 일이 있었어? 어머나, 왜 그랬을까?" 역시나 엄마는 전혀 기억하지 못하고 있었다. "그래서, 흔들어서 비벼 먹었어? 싫었겠다. 얘는, 싫다고 하지. 왜 말을 안 했어" 하며 전화기 너머의 영란 씨는 한참을 웃었다. 당신이 생각해도 어이가 없던 건지, 아니면 정말 남의 얘기를 듣는 것처럼 재미가 있어선지, 혹은 미안한 마음을 웃음으로 대신한 건지는 모른다. …아니. 조금은 알 것도 같다. 아마도 그 모든 마음이지 않았을까.

시간이 아주 많이 지났지만 그런 일이 있었고 사실은 속이 좀 상했었다고 말하는 것만으로도, 그 마음을 상대가 들어주는 것만으로도 충분했다. 그리고 그런 나의 마음을 엄마도 무겁게 받아들이지 않아서 오히려 마음이 후련해졌다. 잡혀 있던 뒷덜미가 조금은 편안해졌다. 어쩐지 난감한 도시락통을 받아 들던 그때의 내가, 흔들지도 않았는데 이미 엉망이 된 도시락을 마주한 그때의 내가 조금 괜찮아진 것도 같았다. 전화기 너머로 웃고 있는 엄마와 싫다는 말도 못 하고 입술만 내밀고 있던 그 시절의 내가, 이제는 함께 웃고 있었다.

 지금 다시 그 도시락을 마주한다면 오른쪽에서 몇 번, 왼쪽에서 몇 번, 위에서도 아래서도, 아예 커다랗게 원을 그리며 재밌게 흔들어 비비고 짠! 신나게 뚜껑을 열 수 있을 것 같다. 어쩌면 집을 나서면서 도시락 가방을 들고 소풍 가는 것 같다던 영란 씨처럼, 그렇게 소녀같이 웃어 보일 수도 있지 않을까.
 아, 도시락 먹고 싶다.

그의 주말 한 끼

 주방에서 분주히 움직이는 남편을 보고 있다. 등만 보고 있을 뿐인데도 집중한 얼굴이 보이는 듯하다. 주방의 열기가 거실까지 전해지는 걸 보면 그의 이마에는 이미 땀이 송골 맺혀 있겠지. 주말 이틀 중 하루. 그 가운데 한 끼 정도는 남편이 준비한다. 대단히 잘 차려진 식사가 아니라 그저 라면일 뿐이라도. 찬밥과 냉장고 안의 반찬을 털어 넣은 비빔밥일 뿐이라도. 중요한 건 메뉴가 아니라, 내가 아닌 그가 식사 준비를 한다는 거다.

 어느 주말 저녁, 설거지를 마친 나는 주부에게는 휴일이 없다는 말을 했다. 남편은 회사로 출근하고 나는 집으로 출근한다. 집안일은 곧 나의 일임을 기본값으로 여기기 때문에 그가 집안일을 자발적으로 하지 않는다고 해서 딱히 서운한 마음이 들지는 않는다. 그런데 이따금 마음 깊은 곳에서 이런 생각이 쑥 올라올 때가 있다. '회사로 출근하는 남편은 주말에 특별한 일정이 없다면 집에서 쉴 수 있지만, 집으로 출근하는 나는 주말에 어디에서 어떻게 쉬어야 하는 걸까' 하는. 거창한 휴식을 바라는 건 아니다. 그저 가끔은 점심 먹고 돌아서 저녁 메뉴를 걱정하고 싶지 않을 때가 있고, 밥을 먹은 후 나오는 설거짓거리를 신경 쓰고 싶지 않을 때가 있을 뿐. 오늘의 설거지를 내일로 미뤄봤자 결국 설거지를 하는 사람은 돌고 돌아 내가 될 테고, 그렇게 내일의 내가 오늘의 나를 탓한다.

아마, 그런 날 중 하루였을 거다. 나의 말이 걸렸는지 앞으로 남편은 자주는 못하더라도 주말 한 끼 정도는 본인이 하겠다고 말했다. 그저 가벼운 푸념 같은 농담을 했을 뿐이라 대수롭지 않게 "응, 그래"라며 흘려버렸는데, 정작 그에게는 무게가 실린 농담 같은 푸념으로 들렸는가 보다. 그날 이후 주말이면 오늘처럼 이렇게 주방에 선 남편을 종종 볼 수 있게 된 걸 보면.

"일요일은 내가 짜파게티 요리사!"라는 광고처럼, 주말인 오늘, 요리사가 된 남편이 주방에 서 있다. 나는 그런 그를 보며 거실에 앉아 있다. 이제는 익숙해질 때도 된 것 같은데 저기에 그가, 여기에 내가 있는 게 아직은 어색하다. 어색한 마음을 숨기지 못해 자꾸만 말을 붙인다. "뭐 필요해?", "뭐 좀 도와줄까?" 나도 모르게 거실에서 식탁으로 자리를 옮겨 앉아 주방을 넘본다. 그런 나를 어이없어하는 남편은 제발 거실로 가서 강아지들과 놀고 있으라며 밀어내기를 반복하고.

이 순간만큼은 메뉴 선정부터 차림까지 모두 그의 몫이다. 냉장고를 열어보고 팬트리를 한참 살피며 뭘 먹을까 고민하는 것 같더니 이내 똠얌꿍 페이스트를 꺼낸다. 똠얌꿍이라니. 나이스 초이스. 절대 실패할 리 없는 메뉴가 아닌가.

한동안은 매년 찾을 정도로 방콕과 그곳의 음식을 좋아했지만, 마지막으로 다녀온 건 다섯 손가락을 접고 다시 펴야 할 정도로 오래되었다. 방콕뿐 아니라 여행 자체가 그렇다. 특별한 이유가 있었던 건 아니다. 그저 작은 강아지 보아가 가족이 되었을 뿐인데, 큰 강아지 루피만 있을 때보다 두 배 이상 발이 무거워졌다. 작은 생명체 하나가 이렇게 삶을 바꿔놓을 정도로 큰 존재였다는 걸 글로 적으며 새삼 깨닫는다. 추억의 방콕을 불러와줄 오늘의 똠얌꿍 페이스트는 연초에 방콕 여행을 다녀온 시누이가 사다 주었다. 면을 따로 삶아 똠얌꿍 쌀국수처럼 먹거나 볶음밥과 함께 국이나 찌개처럼 즐기기도 한다. 몇 가지 재료만 더해주면 제법 그럴듯하게 현지의 맛을 흉내 낼 수 있다. 거부할 수 없는 마성의 페이스트.

메뉴를 정한 남편이 냉장고 문을 열며 묻는다. "새우 있나? 고수 사다 놓은 건 다 먹었지? 뭘 넣을까?" 새우는 냉동실 두 번째 칸 우측 안쪽에 있고, 고수는 다 먹고 없는데 채소 칸엔 아마 버섯이 있을 거고… 대답을 하다 보니 어느새 엉덩이가 들썩인다. 아무래도 그냥 내가 하는 게 더 나을 뻔했나? 들썩이는 엉덩이를 다시 진정시켜본다. 지금은 남편이 그의 방식대로 나를 배려하는 순간이니까. 주방에 자꾸 시선을 두는 건, 내 마음을 앞세워 오히려 그를 존중하지 못하는 일이 될지도 모른다. 나는 그의 마음을, 그저 기쁜 마음으로 받아들이면 된다. 그게 지금 이 순간의 예의다. 그러니, 아서.

오늘따라 주방에서 움직이는 남편의 뒷모습은 무척이나 바빠 보이는 한편, 나는 여기 거실에 앉아 사랑스러운 털뭉치들 루피와 보아를 쓰다듬으며 여유롭게 기다린다. 너무나도 대조적인 모습의 우리다. 차라리 함께 준비하는 건 어떨까 생각하던 찰나, 주방에서 시작되는 다양한 소리에 냄새까지 묻어나기 시작했다. 기분 좋은 새콤함과 은은한 달콤함, 의외의 매콤함이 거실까지 풍성하게 번져온다. 코를 시작으로 혀의 저 안쪽 어딘가를 건드리는 것 같다. 침샘이 저항할 틈도 없이 한번에 확 열리더니 머리에서는 이내 배고프다는 신호를 보낸다. 아, 배고파.

 참지 못하고 일어나 앞접시와 수저를 챙긴다. 그런데, 이게 뭐야? 설마 지금 팟타이까지 만든 거야? 알 수 없는 달콤함의 정체가 이거였어?

 유난히 바빠 보이더니 괜한 느낌이 아니었구나. 가까이에서 본 남편의 얼굴은 이미 벌겋게 달아올라 있었고 이마에는 땀이 맺혀 있었다. 불 앞에서 바쁘게 움직였으니 그럴 수밖에. 먹어보기 전에 이미 맛을 본 기분이다. 안 그래도 음식 앞에서 적극적인 호응을 할 준비가 충분히 되어 있었는데 말릴 틈도 없이 자동으로 옥타브 하나가 더 올라가버렸다. 여보, 진짜 최고다!

 보통 평일에는 찌개나 국, 메인 반찬을 갖춰서 먹지만 주말에는 그보다 간단하게 먹는 편이다. 냉장고를 털어 덮밥이나 볶음밥 같은 한 그릇 음식을 먹는다거나 국수나 떡볶이처럼 분식을 먹는 식으로. 그렇다고 딱 그 한 그릇만 놓고 먹는 건 또 싫다. 중국집에서는 볶음밥에 계란국이나 짬뽕 국물을 주고 분식집에서도 둘이 가서 떡볶이만 먹지 않는 것처럼. 뭐라도 곁들여 먹을 다른 메뉴를 하나씩은 더 준비한다. 볶음밥에 계란국은 기본이다. 기분을 좀 내고 싶으면 짬뽕을 조금 만들기도 한다. 그런 식으로 오징어덮밥엔 오이냉국을, 카레엔 미소된장국을 추가한다. 떡볶이엔 달걀을 삶아 넣고 만두를 굽는다. 한 그릇 음식 옆에는 그냥 물만 있어도 상관없는데 나는 도대체 왜 그걸 포기하지 못할까. 나도 가끔은 내가 참 피곤하다. 하지만 음식을 하다 보면 정작 내가 아쉬워서 자꾸만 뭐라도 더 하게 되는걸. 혼자였다면 생각도 하지 않았을 것들. 함께 먹는 상대를 생각하기에 할 수 있는 일들. 이런 나를 보며 굳이 그럴 필요 없다고 말해온 사람이 바로 남편이었지만 그동안 먹어 온 습관과, 함께 먹는 사람을 생각하는 마음이 오늘의 요리사를 움직이게 만들었다. 그 결과 똠얌꿍 쌀국수와 팟타이를 한 상에 올려놓은 거겠지.

오늘따라 식탁에 앉은 남편의 손놀림이 급하다. 평소 먹는 속도가 느린 편인데 먹고 있는 입도 바쁘고, 한 번에 두 가지 요리를 하는 게 얼마나 정신없었는지를 말하는 입도 쉬지 않는다. 벌겋게 달아오른 얼굴, 송골 맺힌 땀, 유난히 바쁜 손놀림, 음식을 한 사람만이 알 수 있는 부족한 부분을 나열하는 그를 보면서 그동안의 나를 본다.

늘 바쁘게 음식을 준비한다. 그 속도는 식탁까지 이어진다. 항상 쫓기는 사람처럼 밥을 먹게 된다. 모든 메뉴를 각각 적당한 온도와 익힘 정도를 유지하면서 차려내는 일에는 생각보다 많은 계산이 필요하다. 중간중간 레시피를 확인해야 하는 메뉴라면 말할 것도 없다. 그렇게 열심히 움직인 손과 마음이 결승선(식탁)에 도착했다고 칼로 무를 잘라내듯 속도가 바로 0이 되지는 않는다. 그 상태에서 먹기 시작하면 관성의 법칙이 적용되어 먹는 속도도 평소보다 빨라질 수밖에. 지금 내 앞의 이 사람처럼 그동안의 내가 그랬구나. 늘 바쁘게 차려놓고 그 속도 그대로 급하게 먹었겠구나. 그의 얼굴에 맺혀 있던 땀이 더는 중력을 견디기 힘들다는 듯 주르륵 흘러내린다. 티슈를 건네고 탁상용 선풍기를 틀어주었다. 그동안 그가 내게 해주었던 것들을 오늘은 내가 그에게 한다. 어떤 마음으로 이 한 끼를 준비했을지 잘 알기에 더 맛있게 먹는다.

여보, 아주 좋아. 봐봐. 페이스트 포장의 조리 예 사진이랑 꽤 비슷해. 아마 맛도 그럴 거야. 여기가 방콕이네. 방콕 안 가도 되겠어. 아니 아니, 이 말은 취소할게. 방콕은 가고 싶다. 태국 음식을 먹으니 더더더 가고 싶어졌어. 그곳에서 나란히 앉아, 그곳 사람들이 만들어주는 똠얌꿍과 팟타이를 천천히 먹고 싶어졌어. 내게 휴식을 주는 한 끼를 차려준 것도 모자라 이렇게 생각지도 못한 방콕까지 선물해줘서 고마워. 컵쿤카ขอบคุณค่ะ.

아직 연습 중

"표현을 잘하는 편이신가요?"

받은 질문에 선뜻 그렇다는 대답을 하지 못했다. 기꺼이, 유쾌하게, 얼마든지 그렇다고 말하고 싶었지만 표현을 잘하는 사람이라는 건 나의 바람일 뿐 사실과는 다르니 거짓을 말할 수도 없는 노릇이었다.

고등학생 시절, 친구 명으로부터 내가 무슨 생각을 하고 있는지 가끔 잘 모르겠다는 말을 들었다. 중고등학교 동창인 명은 그 시절 가장 가까운 친구였다. 무슨 생각을 하고 있는지 모르겠다는 말은 집에서나 듣는 말이었다. 당시 가족보다도 가까운 사이라 여겼던 친구로부터 집에서나 듣던 말을 또 듣게 되다니. 내 마음을, 생각을 알아주지 못하는 명에게 서운했다. 친구인데 굳이 시시콜콜 말을 다 해야만 아는 건가? 말하지 않아도 알아주면 안 되나. 그런 생각을 했던 것 같다.

40대 중반을 넘어선 지금 그 시절을 돌이켜보면 서운한 건 내가 아니라 명이었어야 했다. 말하지 않아도 아는 게 당연한 사이는 없다. 굳이 말이 아니어도 좋다. 내가 어떤 생각을 하고 있는지, 어떤 감정을 느끼고 있는지, 좋은지 싫은지, 기쁜지 슬픈지, 고마운지 서운한지… 단어 하나로는 정의 내릴 수 없는 무수한 감정들을 꺼내 보였어야 했다.

나는 나의 속내를 꺼내놓지 못하는 사람이었다. 속상하고 서운하고 화가 난 감정을 표현하는 방법은 오직 하나. 입을 꾹 다문 채 쭉 내미는 것. "또 입이 댓 발 나왔냐"는 말을 수도 없이 들었다. 의도한 행동은 아니었지만 무의식적으로나마 마음을 드러낼 수 있는 유일한 방법이었다.

트로트 방송이 그렇게나 많다는 걸 엄마와 한 달을 지내는 동안 처음 알게 되었다. 방송에 나오는 가수들의 이력을 엄마는 줄줄이 꿰고 있었다. 쟤는 참 착해, 쟤는 참 힘들게 살았어, 쟤네 형이 말이야… 로 시작되는 말들은 마치 엄마가 저 가수들의 오래된 이웃이거나 팬클럽은 아닐까 싶은 생각까지 들게 했다. 방송에 나와 노래만 하는 게 아니라 그동안 어떻게 살아왔는지 함께 이야기하는 모습을 여러 번 보면서 자연스레 알게 된 것들이겠지. 머리로는 충분히 이해하면서도 엄마의 그런 얘기들을 듣고 있자니 이상하게 마음 한쪽이 불편해졌다. 나도 모르게 그만, "엄마, 엄마는 내가 뭘 좋아하는지 알아?"라고 묻고 말았다. 잔뜩 뾰로통해진 얼굴로. 질투였다. 내 안의 열다섯 살 사춘기 소녀가 툭 튀어나와버렸다. 정작 그 시기엔 사춘기도 없이 지나갔다는 말을 들을 정도로 투정 한 번 부리지 않았는데. 꾹꾹 눌러두었던 사춘기 소녀가 사십춘기가 되어 나타나버린 거다.

 소녀처럼 웃고 있는 엄마가 눈은 화면 속 가수들에게 고정한 채 대답한다. "난 모르지."

 질투는 이내 서운함으로 바뀌었다. 어떻게 딸이 뭘 좋아하는지, 어떤 음식을 좋아하고, 어느 계절을 좋아하고, 어떤 장소를, 사람을, 순간을 좋아하는지를 모르지. 엄만데, 어떻게 모르지. 더구나 그걸 어쩜 이렇게 당연하고 아무렇지 않게 말할 수 있는 거지. 화면 속 가수에 대해서는 속속들이 잘 알면서 정작 딸에 대해서는 어떻게 모를 수가 있지. 입을 꾹 다물며 삐죽, 내밀었다. 괜히 물어봤다. 그냥 질투만 하고 말아버릴걸. 굳이 입 밖으로 꺼내서 엄마와의 거리를 확인한 것만 같았다. 괜한 짓을 한 것 같다는 생각에 후회가 됐다.

그런데 말이야. 내가 엄마에게 말을 했었나? 내가 뭘 좋아하는지, 뭘 싫어하는지, 옆에 앉아 미주알고주알 꺼내놓았던 적이 있었나?

말하지 않아도 안다는 말은 초코파이 광고 멘트일 뿐이다. 마음은 꺼내지 않으면 알 수가 없다. 나도 나를 잘 모르는 순간들이 그렇게도 많은데, 드러내지 않은 나의 마음을 과연 누가 알 수 있을까. 알아주면야 더할 나위 없이 땡큐. 하지만 모른다고 해도 서운해하면 안 되는 거 아닐까. 머리로는 명확하게 알고 있으면서도 질투에 눈이 멀어 순간 잊고 말았다. 더 솔직히 질투의 감정을 느꼈다는 사실부터가 조금 부끄럽기도 하지만, 그런 감정마저도 조절할 수 있다면 그건 사람이 아니라 AI겠지.

그로부터 며칠 후, 함께 아침 산책을 다녀와 강아지들과 장난을 치던 엄마가 말을 꺼냈다. 학교에서 돌아와 "엄마, 엄마" 하며 그날 있었던 일을 하나하나 이야기하는 오빠와 달리 나는 입을 꾹 다물고 있어서 너무 답답했다고. 어느 날엔, 혹 저 안엔 딸의 마음이 있을까 싶어 내 일기장을 본 적도 있었다고. 거기에 나의 어떤 마음을 적어두었는지 기억나지 않는다. 꺼내놓지 않은 나의 어떤 마음을 엄마가 읽었는지 묻지 않았다.

나는 속내를 잘 드러내지 않는 사람으로 살아왔다. 그게 어디 가족뿐이었을까. 좋은 건 좋다고 말을 해도 싫은 건 누구에게라도 잘 드러내지 않는 편이었다. 나의 불편함을 말하는 것이 불편했다. 싫은 것을 말하는 것이 불편했고, 반대 의견을 내비쳤을 때 미세하게나마 변화하는 상대의 표정을 보는 것이 불편했다. 그럴 바엔 내가 조금 불편해도 나의 의견은 뒤로 숨기는 쪽을 택했다. 가족 안에서도, 친구들, 직장 동료와의 관계에서도.

그렇다고 나의 감정을 숨기고만 살았던 건 아니다. 말이나 얼굴로는 표현하기 힘들었던 마음을 손끝으로는 비교적 자유롭게 꺼낼 수 있었다. 포털 사이트 커뮤니티가 인기 있던 시절, 가입해서 왕성하게 활동하던 다음 카페가 있었다. 무언가 쓰고 싶어질 때 아무 때나 찾아가 나의 마음을 털어놓았다. 어느 날 친구 명만큼 가까웠던 태가 그곳에 털어놓은 나의 이야기를 보고는 소설 쓰냐고 물었다. 아니, 그거 소설 아닌데. 그 글은 모두 내 이야기고 내 마음인데. 사람 만나 웃고 떠들고 함께하는 걸 좋아하지만, 정작 내 깊은 우울과 불안, 진짜 내 감정을 말로 꺼내기보다 손끝을 통해 글로 적는 게 더 자연스러웠을 뿐. 이 대답 또한 긴 설명 대신 "아니"라는 짧은 대답과 희미한 웃음으로 대신하고 말았지만.

저녁이면 술에 취해 들어오는 아버지와 그 모습이 달갑지 않았을 엄마의 눈치를 살펴야 했다. 여유롭지 않은 형편을 알고 있으니 갖고 싶은 것을 갖고 싶다고 말할 수 없었다. 물건도 마음도. 그게 뭐라도. 누가 시키지 않아도 주위를 살피며 나의 욕구를 누르고 외면했다. 내 안으로 파고 들어갔다고 여겼지만, 실은 내 안에서 길을 잃었다. 그렇게 나를 돌아보고 꺼내는 방법을 잊었다. 잃은 게, 잊은 게 맞을까. 애초에 배운 적이 없는 건 아니고?

남편을 처음 만나 연애하던 시절, 그가 내게 말했다. 본인은 상대방이 말해주지 않으면 잘 알아채지 못한다고. 그러니 어떤 게 싫고 좋은지 하나하나 말해줬으면 좋겠다고.

어려웠다. 나를, 내가 느끼는 감정을 있는 그대로 꺼내는 게 쉽지 않았다. 대체 뭐가 그렇게 어려울까. 어쩌면 그건 내 마음을 들여다보기를 소홀히 했던 결과가 아니었을까.

남편을 만나고 0에서부터 새롭게 시작할 수 있었다. 말하지 않아도 알아주기를 속으로 바라기만 하기보다는 꺼내놓는 걸 시도해보기로 했다. 애정하는 마음을 눈으로, 행동으로 표현했다. 서운하고 화가 나는 감정을 담아만 두지 않고 꺼내기 시작했다. 당연하게도 모든 것이 서툴렀다. 작은 감정 하나도 제대로 꺼내지 못해 꾹꾹 담아만 놓다 더는 견디지 못해 폭발하듯 터지는 순간들이 있었다. 그건 표현이 아닌 표출이었다. 나는 표현을 해야 했다. 정제되지 않은 날 것 그대로를 쏟아내는 표출이 아니라 나도 상대방도 다치지 않을 표현을. 피어나는 감정을 조절할 수는 없어도 꺼내는 방식은 조절할 수 있어야 하지 않을까. 나를 표현하는 데도 연습이 필요하다. 그 과정에서 비록 여러 시행착오를 겪을지라도 멈추지 말고 계속해서.

표현을 잘하는 편이냐는 물음에 선뜻 그렇다고는 대답하기 힘들다. 아직까지도 능숙하지 못해 지금도 연습하는 중이다. 때로는 입을 꾹 다물고 쭉 내미는 순간이 있을지언정 결국엔 내 안의 것을 그대로 꺼내놓을 수 있기를 바라기에. 표출이 아닌 표현이 되기를 바라는 마음으로 지금 나의 이 서투름을 고백하는 중이다.

조카의 미역국

우리 집은 생일이 조금 재미있다. 아버지와 나의 양력 생일이 같고, 엄마의 음력 생일과 오빠의 양력 생일이 같은 날이다. 살면서 부모님은 음력으로, 나와 오빠는 양력으로 생일을 따졌으니 아쉽게도 생일이 겹친 날은 없었다. 어릴 적엔 가족이라면 으레 이렇게 조금씩은 비슷한 줄로만 알았다. 당연한 줄 알았던 게 당연한 게 아니라는 걸 알고는 우리 가족의 이 우연이 신기하게 느껴지기도 했다.

생일이라고 가족 간에 선물을 주고받는 일은 없었다. 아버지 생신 때 좁은 집에 회사 분들을 초대해 생신상을 크게 차렸던 기억은 있지만, 그 외에 생일과 관련된 별다른 추억은 없다. 생일을 잊고 지나가기도 했고, 기억한다 해도 미역국 정도 먹는 게 다였다. 언젠가 없는 살림에는 미역국도 감지덕지였다는 얘기를 오빠와 나누기도 했으니 선물은 언감생심 생각도 하지 못했다.

본인의 생일이 있는 주를 특별하게 생일 주간으로 삼으며 즐기는 지인도 있지만, 나는 생일이라고 특별히 설레었던 적은 없다. 생일을 기다리며 갖고 싶은 선물을 꼽아본 적도 없다. 그저 조용히 있을 뿐이다. 건네오는 축하 인사에 고마운 마음은 진심이지만, 사실은 엄청나게 쑥스러워하면서.

 올해 생일엔 남편이 하루 휴가를 냈다. 그는 월초부터, 월말에 있는 내 생일날 어디로 가서 무엇을 하고 싶은지를 생각해보라고 했다. 내내 별생각 없다가 생일을 며칠 앞두고 그제야 동해의 지도를 머릿속에서 펼쳤다. 깊게 고민할 필요는 없었다. 가고 싶은 곳의 위시리스트 중 고정값으로 첫 번째 순위를 차지하고 있는 곳이 있었기 때문이다. 우연히 발견하고 순식간에 빠져버린 곳. 처음 다녀와서 한 달 만에 다시 찾아갔던 곳. 돌아오고 나서도 그 동네 사는 사람들이 부러워 여유 자금도 없으면서 아파트 시세를 알아봤던 곳. 그렇게 내가 사랑하는 동해의 한섬해변으로 우리는 떠났다.

아담하고 아늑한 해변에 한 번, 동글동글 사랑스러운 몽돌에 한 번, 맑고 투명한 물에 한 번, 눈부시게 반짝이는 윤슬에 또 한 번… 쉴 새 없이 연이어 탄성이 나온다. 재채기를 하며 모래에 코를 박는 보아가 사랑스럽고, 푸른 바다를 배경으로 앉은 루피가 멋스럽다. 당일치기의 짧은 나들이라도 그곳에서의 시간이 내게는 생일 선물이었다. 추운 바닷가를 산책하면서 행복했다. 사랑하는 가족과 함께 좋아하는 장소에 있는 것 말고 또 어떤 행복이 있을까.

꿈속을 거니는 것 같던 시간을 뒤로하고 다시 현실을 향해 시동을 걸었을 때였다. 조카 원이로부터 메시지가 도착했다.

― 고모 생일 축하드려요. 미역국은 드셨나요?

생일 축하와 미역국은 언제나 이렇게 짝꿍처럼 따라붙는다.

조선시대의 풍습을 기록한 『조선여속고朝鮮女俗考』에 따르면 산모가 출산 후 처음 식사를 하기 전 산모 방의 남서쪽에 미역국으로 삼신三神 상을 차려 바친 뒤, 국과 밥을 산모가 먹었다는 기록이 있다. 더 올라가 고문헌인 『초학기初學記』에는 고래가 새끼를 낳은 후 미역을 뜯어 먹고 상처를 회복하는 것을 본 고려 사람들이 산모에게 미역을 먹였다는 기록이 있기도 하다. 영양학적으로도 산모에게 미역국이 무척 유용한 음식임은 틀림없다. 그러니까 엄밀히 따지자면 미역국은 생일을 기념하는 음식이라기보다는 출산한 산모의 산후조리를 위한 음식이었던 거다. 그렇다면 생일 당사자가 아니라 낳아주신 엄마가 드셔야 하는 게 아닐까.

올해는 내 생일 나흘 전이 아버지 생신이었다. 돌아가셔서 더는 미역국을 드실 수는 없지만 아버지를 떠올리며 미역국을 끓였다. 한 끼 넉넉하게 먹을 정도만 끓이는 평소와는 달리 이번에는 큰 냄비에 가득 끓여 며칠을 먹었다. 그러니 굳이 생일이라고 상징적인 미역국도 필요 없었다. 그런 자세한 이야기를 원이에게 하지는 않았다. 미역국은 먹지 않았고 축하해줘서 고맙다는 인사를 전할 뿐이었다.

— 하이고. 내가 없으니까 그러네요.

돌아온 원이의 대답에 더 큰 웃음이 나와버렸다. 작년의 벅찬 행복감이 떠올라서다. 저 깊은 곳에 잠들어 있던 기억이 기지개를 켜고 깨어나 몸집을 부풀려 웃음을 밀어 올린 것처럼, 얼굴에서 폭, 웃음이 터져버리고 말았다.

작년 내 생일 하루 전날, 이제 막 수능 시험을 치른 원이가 찾아왔다. 집 거실에서는 길 건너 버스 정류장이 보인다. 버스에서 내리는 원이를 발견하고 팔을 쭉 뻗어 흔들었다. 5층 거실 창에서 인사하는 나를 보고 아이가 손을 흔든다. 뛰는 것도 걷는 것도 아닌 속도로 종종거리며 아파트 단지 안으로 들어오는 모습을 보는 것만으로도 이미 선물을 받은 것 같았다.

늘 그랬다. 원이는 만날 생각을 하는 것만으로도 웃음부터 번지게 만든다. 사랑을 많이 받고 자란 사람은, 그 사랑이 당연한 게 아니라는 걸 아는 사람은, 그렇게 자신도 모르게 받은 사랑을 발산하는 힘이 있다. 그래서 빛이 난다. 내게 원이는 그런 사람이다.

사랑스러운 아이가 찬 기운과 함께 집으로 들어왔다. 나는 원이를 기다리며 구운 따뜻하고 달콤한 고구마를 내놓았다. 고구마 하나도 그냥 먹는 법이 없는 아이는 '고모는 어쩜 고구마도 이렇게 맛있게 구웠느냐'는 기분 좋은 말을 노래처럼 흥얼거리며 먹었다. 녀석은 잠시 숨을 고른 뒤, 본격적으로 미역국 끓이기에 돌입했다. 고모의 생일이라고 미역국을 끓여주러 온 거였다.

감기에 걸려 콧물이 흐르는 한쪽 콧구멍을 휴지로 틀어막고는 미역을 물에 담근다. 고모는 가만히 앉아만 있으라며 주방에는 가까이 오지도 못하게 하는 아이는 익숙하지 않은 주방에서 유난히 더 분주하다.

"고모, 혹시 냄비는 어디 있어요? 4인분만 끓여봐서 너무 작은 냄비는 곤란해요. 아니, 앉아서 알려줘요", "고모, 국간장은 어디 있죠? 아니, 아니. 일어나지 말아요", "고모, 마늘은요? 아니, 제발. 내가 다 알아서 할게요. 고모는 그냥 가만히 앉아만 있어요. 내가 다 해줄 거예요."

냄비도 식재료도 모든 게 익숙하지 않은 주방에서는 라면 하나 끓이는 것도 쉽지 않을 텐데… 원이는 주방 근처에 결계를 쳐놓은 듯 나를 의자에서 일어나지도 못하게 했다. 내 주방에서 내 생일을 위한 미역국을 끓이고 있는 조카를 보게 될 줄이야. 자식도 아닌 조카가 끓여주는 생일 미역국이라니. 단 한 번도 상상해본 적 없는 일이 눈앞에서 펼쳐지고 있었다. 주방에서 바쁘게 움직이는 아이를 보던 내 마음은 한없이 몰랑몰랑해져 그만 울 뻔했다는 걸 원이는 몰랐겠지.

간을 보던 원이의 낯빛이 어두워졌다. 4인분 맞춤으로 시작된 미역국은 어느덧 9리터 큰 솥을 꽉 채울 정도가 되었다. 중간에 냄비를 한 번 바꾸긴 했지만, 이 정도로 양이 많아질 거라고는 끓이던 원이도 지켜보던 나도 예상하지 못했다. 어쩐지. 국간장 양이 생각보다 많이 줄어 있더라니. 집을 나서면서 선물이 아니라 폭탄을 주고 가는 것 같다며 웃지 못하고 한숨 쉬던 아이의 얼굴이 아직도 생생하다.

다음 날 아침, 남편은 새 밥을 짓고 고기를 굽고 원이가 끓여 놓고 간 미역국을 데웠다. 투박하지만 그 어느 때보다도 따뜻한 생일상이었다. 사실 나는 같은 메뉴를 연이어 먹는 걸 좋아하지 않는다. 되도록 한 번 먹을 만큼만 만드는 이유가 그래서인데, 이번 미역국은 달랐다. 한 그릇도 버릴 수가 없었다. 어느 날은 밥을 넣고 끓여서 죽처럼, 어느 날은 떡을 넣고, 어느 날은 라면을 넣는 식으로… 생일날부터 일주일을 미역국만 먹었다. 앞으로 평생 이런 생일 선물은 받지 못할 거라는 걸 느낌으로 알 수 있었기 때문에 한 그릇도, 아니 한 국자도 허투루 먹을 수가 없었다. 원이에게는 예상치 못한 폭탄이 되었을지 모르지만 내게는 다시 없을 소중한 선물이었다.

몇 해 전부터 내 생일이 되면 영란 씨에게 꽃을 보낸다. 산모에게 산후 보양으로 미역국을 끓여주었던 것처럼 그 시절 낳고 키워주시느라 감사하다는 의미를 담아서. 그럼 영란 씨는 배달된 꽃을 화병에 담아 사진을 찍어 보내준다. 오늘 아침엔 귀엽고 사랑스러운 미니장미 한 다발의 사진과 함께, 고마움과 축하의 메시지가 와 있었다.

여러 가지로 참 감사한 날이다. 생일 뭐 별거 아니라고는 말하지만, 그래도 축하를 받으면 좋다. 감사의 말을 전할 수 있다는 것도 그저 감사하다. 축하와 감사의 인사를 나누다 보면 어쩐지 조금 더 좋은 사람이 되어야겠다는 다짐을 하게 된다. 가족은 물론 나와 마음이 닿아 있는 사람들에게 더 좋은 사람이 되고 싶어진다. 참 행복한 날이다. 더할 나위 없이 행복한 생일이었다.

와플

 술 약속이 있어도 술자리가 일찍 끝날 것 같은 날이면 남편은 차를 두고 대중교통으로 퇴근한다. 그런 날은 도착 시간을 가늠하고 전철역으로 마중을 나간다. 집과 전철역은 거리가 가깝지도 않을뿐더러 버스를 타도 30분을 족히 넘기기 때문이다. 배차 간격도 15분이나 되고, 심지어 전철의 막차보다 버스의 막차가 더 빨리 끊긴다.

 어제도 예외는 아니었다. 강아지들과 밤 산책을 하고, 시간 맞춰 전철역으로 가니 남편은 나보다 먼저 도착해서 기다리고 있었다. 그를 발견한 루피와 보아는 낑낑댐으로, 나는 깜빡깜빡 비상등으로 반가움을 전했다.

 조수석 문을 열고 차에 탄 그가 뭔가를 내밀었다. 와플이다. 내가 정말 좋아하는 간식이다. 베이커리 카페나 와플 전문점에서 파는 고급스러운 맛의 비싼 와플이 아니라 1,500원짜리 전철역 와플. 둥그렇고 투박한 빵 위에 싸구려 사과잼과 크림을 발라 반으로 접어놓은 와플. 이따금 전철을 타러 갈 때마다 참새가 방앗간에 들르듯이 사 먹는 와플. 어느 날엔 나갈 일도 없으면서 와플만 사 먹으러 전철역에 가고 싶다는 생각도 하게 만드는 빅토리 와플. 버스에서 내리면 전철역까지 걸어가는 동안 깊은 고민에 빠진다. 사 먹을까 말까. 고민 끝에 말까에 힘이 실리더라도 에스컬레이터를 타고 올라가는 순간 그 다짐은 와르르 무너지기 십상이다. 버터 향이 가득하고 따끈한 빵에 달콤한 잼과 크림이 뒤섞인 냄새는 흡사 만둣집 찜솥에서 쉬지 않고 뿜어져 나오는 김과 같다. 단순한 냄새나 김 그 이상, 뿌리치기 힘든 유혹이라는 점에서다. 기껏 이겨내고 지나쳐 갔다가 다시 돌아와서 만두나 찐빵을 사 먹어본 적이 누구라도 한 번쯤은 있지 않을까. 나는… 있다. 그것도 여러 번. 전철역에서 만나는 와플은 부드럽고 말랑한 쿠션 같은 냄새를 낸다. 맡기만 해도 기분 좋아지는 행복의 냄새다. 그걸 어떻게 외면할 수 있겠냐고. 참고로, 전철역 와플의 자매품으로 델리 만주도 있지만 내게는 단연코 와플이 1등이다.

남편이 차비처럼 내미는 와플을 보면서 터지는 웃음을 참을 수가 없었다. 적당히 취한 얼굴로 무심하게 와플을 내미는 그의 모습도 퍽 귀여웠고. 무엇보다 고마웠다. 와플도, 와플을 든 채 기다리고, 차에 타 건네는 그 마음까지 모두. 소소하지만 결코 사소하지는 않은 그의 마음이 와플과 함께 내게 왔다.

감동의 순간은 언제나 이렇게 예고 없이 찾아온다. 커다란 이벤트야 설명이 필요 없을 만큼 벅차지만, 생각하지 못한 순간에 훅 치고 들어오는 말 한마디나 행동 하나에 감동은 자연스레 따라온다. 준비한 감동보다 우연한 다정함이 기억에 더 오래 남는다.

집까지 오는 길은 어둡고 고요했어도 우리가 함께 있는 차 안은 유난히 환하고 소란스러운 온기로 가득 차 있었다.

마늘국

 동네 마트에 장을 보러 갔다가 마늘을 사 왔다. 무려 1.5킬로그램의 대용량으로. 하필 집에 깐마늘이 똑 떨어졌는데, 하필 대용량의 깐마늘이 대폭 할인 중이었으며, 또 하필 할인 상품 좋아하는 소비요정 남편과 함께였다. 하필이 세 번이면 사고가 난다더니, 한숨부터 나오는 걸 보면 사고가 맞기는 한가 보다. 분명 사고다. 이미 냉동실에는 다져서 얼려놓은 마늘이 두 팩이나 있었고, 무엇보다 대용량의 마늘을 씻고 닦는 수고를 당장은 하고 싶지는 않았으니까.

 메뉴에 따라 어느 날은 통마늘이, 어느 날은 편으로 썬 마늘이 필요하다. 마늘의 향도 바로 다졌을 때가 미리 다져놓은 것보다 더 진하다. 그런 이유들로, 번거로울 수는 있어도 조금씩 사다 먹곤 한다. 냉동실에 얼려놓은 다진 마늘은 생마늘이 없을 때 2안처럼 사용하는 용도다. 그러니 1.5킬로그램의 마늘은 사고가 맞다. 오히려 껍질을 까지 않은 마늘이었다면 대용량에 대한 부담이 덜할 텐데 하필 또 깐마늘이람. 마늘을 앞에 두고 고작 둘이 살면서 대용량 깐마늘은… 많이, 과하다는 설명이 소비요정 귀에 들릴 리가 없었다.

음식을 하다 보면, 낯선 레시피 속 '적당히'라는 말 앞에 번번이 주저하게 된다. 적절한 적당히는 경험이라는 기본값이 있어야 가능하다. 그렇지 않다면 적당히처럼 난해한 말이 또 없다. 단어 자체가 '정도에 알맞게', '엇비슷하게 요령이 있게'라는 뜻인데, 그게 요만큼인지 이만큼인지 경험과 요령이 없는 내가 어떻게 알겠냐고. 좋아하는 만큼 넣을 수도 없는 노릇이다. 무턱대고 많이 넣었다가는 가차 없이 알싸한 매운맛에 낭패를 보기 십상이다. 이미 여러 번 낭패를 보기도 했고.

때는 바야흐로 2022년 12월. 주변 지인들은 코로나에 두 번이나 확진되어도 나는 감기조차 걸리지 않았었다. 아무래도 슈퍼 항체를 가진 것 같다며 건방을 떨었다. 그놈의 입이 방정이지. '슈퍼 항체는 무슨, 어디 한번 맛 좀 봐라!' 하고 더는 입도 뻥긋 못할 정도로 바이러스에 점령당하고 말았다. 살면서 그토록 아팠던 적이 또 있었을까. 가만히 있어도 눈물과 콧물은 주르륵 흘러내렸고 계속되는 고열에 눈에서는 레이저가 뿜어져 나오는 것만 같았다. 12월임에도 불구하고 한여름의 아스팔트처럼 눈앞에서 아지랑이가 피어올라왔다. 손으로 살짝 만지기만 해도 온몸이 다 아팠으니 앉아도 누워도 내내 앓는 소리만 나올 수밖에.

그렇게 내 몸에 들어온 바이러스와 사투를 벌이는 동안 남편이 내 끼니를 챙겼다. 코인 사골육수로 떡국을 끓여주기도 하고, 입맛을 잃은 내가 조금이라도 먹을까 싶어 좋아하는 떡볶이나 샐러드를 사다주기도 하면서.

그러던 어느 날, 출근하던 그가 방문을 사이에 두고 말했다. 콩나물국을 끓여두었다고. 콩나물국이라고? 조금 놀랐다. 내 기억에 그는 콩나물국을 먹어보기만 했지 직접 만들어본 적은 없었다. 아무리 냉장고에서 콩나물을 봤다 해도, 그걸 국으로 끓여낼 마음을 먹는 게 쉽진 않았을 텐데. 내 놀란 기색을 느꼈는지 남편은 신발을 신으며 한 마디를 더 얹었다.

"그런데, 마늘을 좀 많이 넣었어."

한참을 누워 있다가 몸을 일으켰다. 빈속에 약을 먹을 수는 없어 국 냄비에 불을 올렸다. 서툴게 콩나물을 씻고 간을 맞추며 국을 끓였을 남편을 떠올리니 매가리 없는 얼굴에도 슬며시 미소가 피어올랐다. 파르르 끓어오른 국을 그릇에 옮겨 담고 앉았다. 한 숟가락 목으로 넘기려는데, 컥! 이게 뭐야. 이건 콩나물국이 아니라 마늘국이잖아. 콩나물의 시원함을 마늘의 알싸함이 가뿐하게 눌러버렸다. 마치 마늘국이 허전해 콩나물을 넣은 것과 다름없었다. 이 정도의 마늘이라면 곰도 사람이 될 수 있겠는걸. 혹시, 코로나로 방에 격리되어 있는 동안 사람이 되라는 뜻인가. 그의 요리 선생님이 되어주었을 어느 유튜버도 마늘을 이렇게 넣으라고 알려주진 않았을 텐데.

같은 레시피를 보아도 요리하는 사람에 따라 맛이 달라진다. 사람들은 그걸 손맛의 차이라고도 하지만 거기엔 경험도 한몫하는 게 아닐까. 남편은 레시피를 찾아 음식을 하면 제법 그럴듯한 맛을 내는 사람이었다. 시어머니는 젊어서 식당을 하셨고, 지금도 교회에서 주방 봉사를 하신다. 돌아가신 시아버지 역시 손맛이 꽤 좋으신 편이었다. 언젠가 시어머니가 미국의 이모님께 한 달 반 동안 가 계셨던 적이 있다. 그때도 아버님은 당신이 드실 식사를 직접 만드는 데 별 주저함이 없으셨다. 그런 손맛을 이어받아선지 이따금 남편이 만들어내는 음식도 제법 괜찮았는데… 아무래도 요리 선생님의 '적당히' 앞에서 적절하게 적당하지는 못했나 보다. 적당히가 아니라 한 숟갈이라고 했어도 그 한 숟갈이 숟가락과 수평을 맞추는 한 숟갈인지 숟가락의 듬뿍인지를 고민했겠지.

국에 밥을 말아 한 그릇 먹었더니 숨 쉴 때마다 마늘 향이 나는 것 같아 바로 칫솔을 들었다. 그 짧은 사이 머릿속까지 깊게 새겨진 듯한 마늘 맛에 헛웃음이 나왔다.

 남편의 음식에 마늘이 강하게 들어간 건 그때가 처음도 마지막도 아니긴 하다. 어느 날엔 생일이라고 끓여준 미역국에 마늘이 가득했고, 심지어 얼마 전에는 아삭하고 다정하고 명랑한 열무 비빔밥을 맛있게 먹다가 느닷없이 생마늘 공격을 받기도 했다. 고기나 회도 아닌 열무 비빔밥에 생마늘이 웬 말이람. 어째서 그는 번번이 마늘 앞에서 '적당히'의 기준이 높아지는 걸까. 이렇게나 마늘을 좋아하는 사람이었다. 이쯤 되면 정말 나를 사람이 되기를 바라는 곰으로 생각하고 있다는 합리적 의심이 들기도 하는데. 서로 상대의 음식에는 토를 달지 않는 우리지만, 열무 비빔밥에 마늘은 도저히 이해가 되지 않았다.
"여보, 비빔밥에 마늘을… 넣었네?"
"냉장고를 열었는데 마늘이 딱 보이더라고."

아, 그렇지. 우리에겐 1.5킬로그램의 마늘이 있었지. 안 되겠다. 차일피일 미루던 대용량 마늘을 어서 정리하는 수밖에. 이러다 언제 다시 마늘 공격을 받게 될지 모르니까.

그나저나 이 많은 마늘을 어떻게 보관한담. 보자 보자, 설탕을 깔고 키친타월을 깔고 그 위에 마늘을 올리라고요? 설탕은 얼마나… 적당히요? 요만큼? 이만큼? 아이 참….

그렇게 설탕과 함께 보관한 마늘은 한 달이 지나도록 다 먹지 못했다. 나는 미뤄두고만 싶은 마음을 못 이겨 신선할 때 다져놓지 못한 것을, 남편은 소비요정에 무릎 꿇고 욕심부려 1.5킬로그램이나 산 것을 후회했다. 적당히 귀찮아하고, 적당히 좀 사자. 제발 적당히.

불안과 결핍

 어린 시절의 기억이 얼마 없는 편이다. 빈약한 기억의 앨범에서 가장 첫 번째 컬러 사진처럼 남은 장면이 하나 있다. 우리는 마당이 있는 집에 세 들어 살았다. 커다란 대문을 열고 들어가면 오른쪽으로는 '우리 집'이라고 부르던 단칸방이 있었다. 화장실에 가기 위해서는 마당까지 나가 대문을 가로질러 가야 했다. 화장실은 계단 몇 개를 올라가야 있었는데, 어린 나에게는 계단 하나가 제법 높았던 것으로 기억한다. 화장실 문을 사이에 두고 엄마는 안에서 일을 보고, 나는 그 앞 계단에 앉아 엄마를 기다리고 있다. 다섯 살, 혹은 여섯 살쯤이었던 것 같다.

 내가 화장실에 들어갈 때면 나의 작은 강아지 보아는 문 앞에서 턱을 받치고 누워 있다. 그런 보아를 보던 영란 씨는 어릴 적의 내 모습과 똑 닮았다고 했다. 내가 보이는 곳에 영란 씨, 그러니까 엄마가 있어야 했다. 그나마 다행인 건 좁은 단칸방에 살아서 굳이 따라다니지 않아도 엄마랑 붙어 있을 수 있었다는 거다. 쉽게 말해 분리불안. 그때 엄마는 내 세상의 전부였을 거다. 한순간도 떨어지고 싶지 않을, 떨어질 수 없는, 그래서는 안 될 존재.

기질 및 성격검사(TCI: Temperament and Character Inventory)를 했을 때 여러 이야기 가운데 유달리 내 관심을 끌었던 지점이 있었다. 바로 기질적인 불안도가 높다는 거였다. 그건 살면서 환경에 의해 형성된 성격과는 달리, 태생적으로 갖고 태어난 불안이 높은 것으로 쉽게 바뀌기 힘든 특성이라고 했다.

사람들은 내게 잘 웃으니 보기 좋다고, 마냥 평온해 보인다고 말했다. 심지어 뇌가 폭발하고 태풍의 한 가운데 있다는 청소년기를 보낸 후에도 엄마는 내게 사춘기도 없이 순하고 착하게 잘 지나갔다고 할 정도였으니. 그러나 내 마음 저 아래 깊은 곳은 그렇지 못했다.

나의 마음은 사실 늘 불안했다. 그저 밖으로 꺼낼 수가 없었을 뿐. 늘 어느 한구석에 알 수 없는 불안이 있었다. 불안이 짙어질수록 혼자 음악을 들었고, 라디오에 매달리며 알 수 없는 불안과 우울을 숨겼다. 행복하다 느끼는 찰나의 순간에도 그 행복이 진짜일까, 진짜라면 금방 깨져버리는 건 아닐까 두려웠다. 나의 불안은 도대체 어디에서 왔을까.

엄마는 나를 임신한 줄도 몰랐다고 했다. 없는 살림에 시부모를 모시고 살아야 하는, 말 그대로 허리띠를 졸라매야 하는 상황에 임신이라니. 임신 7개월일 땐 아버지가 건강이 나빠져 입원을 해야 했다. 엄마는 어린 아들(오빠)을 이모에게 맡기고 병원에 상주하며 간호를 했다. 보호자 침대도 없이 맨바닥에 이불을 깔고 자던 어느 날, 옆 침대 환자가 배 위로 떨어져 유산이 될 뻔했다고. 당시 병원에서는 배 속의 아이가 엄마를 꽉 잡고 있어 살 수 있었다고 했다나. 배 속의 아이. 내가 8개월을 앞두고 있을 때였다. 그 얘기를 듣고서야 막연하게나마 알 것 같았다. 엄마의 감정을 태아가 그대로 느낀다는 말이 사실이라면, 나의 기질적인 불안은 그렇게 시작되었을 수도 있겠다는 걸.

영란은 둘째 언니 집에서 딸을 낳았다. 시가도 친정도 가난한 건 마찬가지였다. 넉넉하지 못한 친정에서 몸조리를 하는 것도 맘이 편치 않았고, 어린 아들을 시부모님에게 맡겨놓은 것도 못내 불편해 일주일 만에 아들이 있는 집으로 돌아올 수밖에 없었다. 엄마는 그 시기가 인생에서 가장 힘든 시절이었다고 말했다. 가장 먼저는 돈이 없었고, 그 와중에 시부모를 봉양해야 했으며, 서울로 돈을 벌러 나간 남편은 열흘에 한 번 집으로 왔다. 추운 겨울 산후조리도 제대로 하지 못하고 갓난쟁이와 세 살 터울의 아들을 돌봐야 했다.

당신 몸을 제대로 돌보지 못한 엄마는 나를 낳고 젖이 나오지 않아 애를 먹었다. 품 안의 나는 주린 배가 채워지지 않으니 나오지도 않는 젖을 물고는 놓지 못했다고 했다. 빵이 없다고 고기를 먹을 수 없는 것처럼, 젖이 나오지 않는다고 분유를 먹일 수도 없는 노릇. 그래서였을까. 엄마 젖을 세 살이 넘어서까지도 떼지 못했다고 했다. 오빠는 한 번에 젖을 뗀 한편 나는 아무리 쓴 약을 발라도 기를 쓰고 물고 있었다고. 그때 나는 젖을 문 게 아니라 엄마를 놓지 못했던 건 아니었을까.

먹는 게 뭐 대수냐고도 하지만 먹는 건 대수다. 사람이 살아가는 데 가장 기본적으로 필요한 의식주 가운데 하나가 아닌가. 조금 더 들여다보면 사람에게 음식이라는 건 돌봄의 첫 시작이 된다. 유대의 첫 시작이고, 애정과 사랑의 첫 시작이다. 아기는 태어나 처음 엄마의 품에 안겨, 있는 힘을 다해 젖을 빨아들인다. 그렇게 엄마의 돌봄과 애정과 사랑, 더 나아가 둘 사이의 유대가 시작되는 거다. 태아의 상태에서 불안을 느꼈다면, 태어나 내가 처음 느낀 감정은 어쩌면 결핍이었을지도 모르겠다.

간혹 극도의 스트레스가 쌓일 때면 나도 모르게 폭식을 할 때가 있다. 머릿속에서는 이제 그만 멈추라는 신호를 보내지만 그 신호는 끝내 음식을 향한 손이나 저작운동 중인 입, 어디에도 닿지 못한 채 사라져버린다. 그럴 때면 입으로 음식물을 넣는 행위를 멈출 수 없다. 밥을 먹고 돌아서 빵을 먹는다거나, 빵을 먹고 돌아서 과자나 아이스크림을 찾는다거나, 밥을 또 먹는다거나 하는 식으로. 쌓아놓고 토하도록 먹는 지경까지는 아니지만, 결국 소화제를 찾으며 폭식 레이스는 끝을 맺는다. 이런 행위로는 당연히 스트레스가 풀릴 리가 없다. 그저 찰나의 만족일 뿐이지 근본적인 결핍을 채울 수도 없다. 소화제를 목으로 넘기면서 어김없이 자괴감이 밀려든다. 나 지금 뭐 하는 거냐…. 마흔을 진즉에 넘긴 중년이 되었어도 이렇게 갓난쟁이의 결핍이 고개를 드는 순간을 아직도 마주한다.

언젠가 오빠가 말했다. 자기는 맛을 잘 모르겠다고. 어떤 음식을 먹고 싶다는 생각이 딱히 드는 것도 아니고, 있으면 먹는 거고 없으면 마는 거라고. 배를 채우면 그뿐이라고 말이다. 가만히 오빠의 어린 시절을 그려본다. 세 살이 되었을 때 아버지의 병간호를 위해 엄마는 집을 비웠고 동시에 시골에 있는 이모에게 맡겨진 어린 애. 이후 동생(나)이 화상을 입어 병원에 입원했을 때도 마찬가지로 이모에게 맡겨졌던 아이. 아버지와 다툰 엄마가 어린 동생을 데리고 외할머니댁에 갔을 때 집에 홀로 남겨졌던 고작 여덟 살의 아이. 그런 아이에게 음식이라는 건 어떤 의미였을까. 맛이 있고 없고를 따질 형편도 없이 생존에 가까운 것 아니었을까. 다들 어려운 사정에 입 하나가 늘어난 것이 부담되진 않았을까. 그런 분위기를 아이가 몰랐을까.

 물론 지나친 비약일 수 있다. 내 감상에 젖어 어린 오빠를 너무 안타깝게 바라보고 있는지도 모른다. 오빠와 그 시절의 이야기를 나눈 적이 없으니 모든 건 그저 내 추측에 지나지 않는다. 설령 그렇다 해도 어린 시절의 오빠와 중년이 된 오빠가 음식을 대하는 마음에 연결점이 전혀 없다고는 생각하지 않는다. 이따금 갓난쟁이가 신호를 보내는 나처럼 어쩌면 오빠도 다른 방식으로의 신호를 받는 순간들을 마주하고 있지는 않을까. 내 어린 시절의 기억이 빈약한 것에 비해 오빠는 꽤 선명한 그 시절의 기억을 갖고 있던데. 내가 그 시절 이야기를 꺼내면 오빠는 무슨 말을 할까. 정작 본인은 타격감이 전혀 없다고 하려나. 아니면 이제 와 뭐 그런 얘기를 꺼내느냐고 하려나. 한번 물어볼까도 싶지만 그럴 용기는 나지 않는다. 이게 참 뭐라고. 이런 것에도 용기가 필요하다, 나는.

모든 관계는 가족, 그리고 그 속에서 가장 처음 연결된 엄마로부터 시작이 된다. 그렇다고 나의 불안과 결핍, 잊을 만하면 한 번씩 고개를 쳐드는 갓난쟁이를 두고 엄마를 원망하려는 건 아니다. 엄마는 힘들었던 시절 당신이 할 수 있는 나름의 최선을 다한 것일 테니까. 그저 나는 나대로 오빠는 오빠대로 엄마는 또 엄마대로, 그 시절의 우리가 안타까울 뿐.

 시간을 거슬러 올라가 채워지지 못한 마음들을 꾹꾹 눌러 담을 수는 없다. 이 나이가 되도록 그런 감정 하나 해소하지 못했다고 부끄러워할 필요도 없다. 이 나이가 뭐. 마흔이 넘은 게 뭐. 중년이 또 뭐. 사회적으로 정해진 나이 때문에 내 마음을 외면할 생각은 없다. 다만, 무의식적으로 먹는 행위를 반복하는 것은 건강한 방법이 아니니 다른 방법을 찾아보는 게 좋지 않을까… 하는 생각을 이제는 좀 한다는 거. 깨진 독에 물을 채워 넣는 건 어렵다는 걸 안다. 그러니 새로운 독을 찾아봐야겠다. 시간은 좀 필요하겠지만.

형수님의 민물 매운탕

 오른쪽 눈이 또 불편해졌다. 평소 알레르기성 결막염에 종종 시달리곤 하는데, 조금 피곤했던 탓인지 다시 그 기미가 보이기 시작했다. 게다가 얼마 전부터 오른쪽 눈에 보이지 않던 것들도 나타났다. 그동안에도 실체 없는 점 같은 게 간간이 보이기는 했다. 이미 40대에 접어들며 시작된 노화의 하나라는 건 알고 있었지만, 그래도 이렇게 거슬릴 정도는 아니었는데…. 눈앞에 벌레나 먼지 같은 것이 떠다니는 것 같다는 비문증. 흔히들 말하는 파리나 모기의 다리 같다는 표현으로는 부족하다. 뭐라고 해야 좋을까. 화장을 지우지 않은 채 자고 일어나 눈을 떴을 때, 속눈썹 끝에 매달려 있는 워터프루프 마스카라의 잔재를 보고 있는 것 같다고 해야 할까. 파리 다리건 마스카라의 잔재건, 갑자기 이렇게 크게 보일 수도 있는 건가. 혹여 다른 문제가 생긴 건 아닐까. 걱정되는 마음에 안과를 찾았다.
 여러 검사 후 이제 끝났나 싶었을 때 아직 중요한 하나가 더 남았다고 했다. 바로, 산동검사. 검사를 위해서는 약을 넣어 인위적으로 눈동자를 확장시켜야 한다. 검사가 가능한 상태가 될 때까지 여러 번 약을 넣어야 한다. 설명이 끝나자 'OD(Oculus Dexter)산동'이라고 적힌 명찰과 산동제를 들고 다가오는 간호사 선생님. 빛 때문에 눈이 시릴 수 있으니 감고 있으라는 당부의 말과 함께 첫 산동제가 들어갔다. 서서히 시야가 뿌예졌다. 처음 약을 넣었을 때는 아무렇지도 않았지만, 10분 간격으로 반복해서 약을 넣을수록 조금씩 달라졌다. 눈이 시리기도, 조금은 찌그러져 보이기도 했다. 약을 넣지 않은 쪽 눈과의 차이가 분명히 느껴졌다. 눈을 뜨고 있는 것 자체가 점점 불편해져 살포시 눈을 감았다.

눈을 감으니 다른 시공간의 문이 열렸다. 실은, 첫 번째 산동제를 눈에 넣는 순간부터 내 머릿속에는 아버지가 등장했고 아버지의 백내장 수술을 위해 함께 병원에 다니던 시간이

따라왔다. 동네 병원과 대학병원의 차이였는지, 지금 내게는 간호사 선생님이 산동제를 넣어주지만 그때는 보호자인 내가 해야 했다.

 약을 두 번째 넣었을 때였나. 아버지는 가만히 눈을 감았다. 이따금 간호사들이 감고 있는 아버지의 눈꺼풀을 열어 동공이 얼마나 열렸는지를 확인할 때도 조용히 있을 뿐이었다. 괜찮은 건지, 혹여 불편하진 않은지를 여쭤도 그저 괜찮다는 손짓뿐이었다. 거짓말. 그때는 거짓말이라는 걸 미처 알지 못했다. 산동제 때문에 눈의 조리개 역할을 하는 동공이 활짝 열리니, 눈꺼풀이 열리는 순간 빛이 갑자기 쏟아져 들어오는 듯하다. 마치 어두운 터널에서 빠져나오자마자 정오 무렵의 햇빛을 정면으로 마주하는 것처럼. 사물은 뿌옇고 어딘가 굴절되어 보여 불편하다. 그러니 자연스레 눈을 감을 수밖에. 상태를 확인하려 눈꺼풀을 열 때마다 한꺼번에 눈으로 들어오는 빛 때문에 불편했을 거면서. 지금 나처럼.

당시 아버지가 다니던 대학병원은 친정과 거리가 가까워 걸어서도 갈 수 있는 정도였지만 운신이 자유롭지 못한 아버지가 혼자 병원에 다니기란 불가능에 가까웠다. 엄마가 곁에서 모시고 다닐 수는 있다고 해도 온전히 엄마에게만 아버지를 맡길 수도 없었다. 아버지는 가장 가깝고 또 가장 편하다는 이유로 엄마에게 늘 못되게 굴었다. 속내는 어떨지 몰라도 말 한마디에 천 냥 빚을 갚는다는 속담의 정반대, 유독 엄마에게는 말 한마디에 없던 빚도 쌓는 사람이 바로 아버지였다. 그렇다고 엄마는 아버지에게 상냥한 아내였을까. 엄마도 가만히 듣고만 있지는 않았던 터라 병원을 가기 위해 집을 나서기도 전부터 집에는 냉기가 흘렀다. 그걸 알면서 두 분을 그냥 둘 수가 없어 별수 없이 내가 나서게 된 거였다. 수술 전 검사부터 수술, 그리고 이어지는 다른 과의 진료까지. 아버지와 병원에 동행하는 일은 생각보다 잦았고, 생각했던 것만큼 만만한 일이 아니었다.

인천 남부에서 서울 북부까지. 아침엔 차가 막히지 않아 부담이 없지만 다시 집으로 돌아올 때는 여차하면 세 시간은 꼬박 길 위에 있어야 했다. 수도권순환도로의 졸음쉼터를 급하게 찾아 들어가는 일도 여러 번이었다.

　그럼에도 불구하고 그 시간을 놓아버리고 싶지 않았던 이유는 살얼음판 같은 두 분의 관계 때문만은 아니었다. 그건 아버지와의 시간. 병원을 오가는 동안 오롯이 아버지와 나 둘이서만 함께 보내는 시간 때문이었다.

　오래전 시아버지의 병원에 동행하는 일이 잦았는데, 병원에서의 짧지 않은 대기 시간 동안 참 많은 대화를 나누었다. 나는 주로 듣는 쪽이었다. 시아버지가 들려주시는 이야기는 유년 시절부터 청년 시절, 시어머니를 어떻게 만나셨는지까지 넓고도 깊었다. 시아버지와의 그 시간이 좋았다. 비록 시아버지와 며느리라는 구부舅婦 사이로 만났지만, 각자의 위치나 주어진 역할을 벗어나 한 사람을 알아가는 시간이기도 했으니까.

어쩌면 나와 아버지에게도 그런 시간이 허락되지 않을까 하는 기대 같은 게 있었다. 비록 그동안의 우리는 다정함과는 거리가 먼 부녀 사이였을지라도. 그리고 기대는 곧 현실로 이루어졌다.

아버지와의 대화에서는 늘 내가 먼저 입을 열어야 했다. 아버지는 절대 먼저 말을 꺼내는 분이 아니었다. 내가 열 마디를 하면 겨우 한마디를 할까 말까 하는 정도. 그렇다고 평소의 내가 말이 많은 편인가 하면 그건 또 아니다. 마치 지금이 아니면 안 되는 사람처럼 어떡해서든 아버지 속에 담긴 이야기를 듣고 싶었을 뿐이었다. 그렇게 노력한 결과, 아버지를 모시고 병원에 다니던 시간과 말들은 우리가 평생 주고받았던 것들을 다 긁어모아도 비교할 수 없을 정도로 많았다.

그런 날 중 하루였다. 가난 때문에 공부를 더 할 수 없었던 어린 시절이나 군에 입대할 수밖에 없던 사정 등을 들은 후였다. 그 속에는 온통 포기가 가득했다. 부모님과 집안 사정을 생각하느라 자신을 포기할 수밖에 없던 이야기들…. 나는 아버지를, 아버지 이전에 한 사람을, 잘 몰랐다.

문득 아버지는 뭘 좋아하는지 궁금해졌다. 평생 질리도록 마셔온 술 말고 아버지가 좋아하는 것. 어떤 음식을 좋아하는지, 몸이 아플 땐 어떤 음식이 생각나는지, 입맛이 없을 땐 뭐가 드시고 싶은지, 아버지에게 편안함을 주는 음식은 무언지, 지금 당장 드시고 싶은 음식은 뭐가 있는지를 아버지에게 물었다. 그게 뭐라도 해드리거나, 해드릴 수 없다면 사서라도 갖다 드리고 싶었다.

"아빠, 뭐 드시고 싶은 거 없어?"

"먹고 싶은 게 뭐가 있겠어. 그런 거 없어."

"에이, 왜 없어. 잘 생각해봐요. 뭐라도 다 먹을 수 있다면 뭐가 가장 드시고 싶어요?"

한참 대답이 없던 아버지는 조용히 말을 꺼냈다.

"…. 군대에 있을 때 가끔 휴가를 나와 집에 가면 형수님이 민물 매운탕을 끓여주셨어. 그게 그렇게 맛있을 수가 없었거든. 그 생각이 나네."

아버지는 저 깊은 우물 속에서 두레박을 끌어 올리듯, 과거 형수님이 끓여주신 민물 매운탕을 기억 속에서 길어 올리고 있는 것 같았다. 기억의 저편에서 여기 이곳으로 가져오는 동안 혹여 조금이라도 흘려버릴까 꺼내는 한 마디 한 마디가 조심스러워 보였다. 이를 어쩌나. 큰어머니의 매운탕은 해드릴 수도 사 드릴 수도 없는데. 나는 어쩌자고 그렇게 쉽게 해드릴 수 있다고, 사다 드릴 수 있다고 믿었던 걸까. 대체 무엇을 대신할 수 있다고 자신했던 걸까.

아버지는 틀니를 쓰셨지만 그마저도 어느 순간부터는 사용하지 않으셨다. 틀니를 사용하는 시간이 길어지면 잇몸과 틀니 사이에 간격이 생기며 잘 맞았던 틀니도 불편해지게 된다.

치과에 가서 검진을 받고 다시 잘 맞춰가며 사용해야 하지만 아버지는 그러지 않으셨다. 제발 병원에 좀 가시라는 말씀에는 "귀찮아", "괜찮아", "시끄러워", "됐어"가 아버지가 하는 대답의 전부였다. 잘 맞지 않는 틀니가 입안을 자꾸만 건드리면서 고질적인 구내염에 시달리게 되었다. 그러니 조금이라도 자극적인 음식은 먹기 힘들어졌고, 안 그래도 먹는 것에 즐거움을 느끼는 분이 아닌데 먹는 행위가 불편해지니 먹는 양은 최소화되었다. 살은 점점 더 빠지고 틀니는 점점 더 불편해지게 되는 악순환 끝에, 결국 틀니는 아버지의 입보다 보관함에 있는 시간이 훨씬 더 길어졌다.

처음엔 구내염의 원인이 틀니라는 걸 몰랐다. 아버지의 고집을 꺾고 어렵게 찾은 이비인후과에서 틀니로 인한 것으로 보인다는 의견을 듣고서야 치과에 갈 수 있었다. 변형된 잇몸에 맞게 틀니를 새롭게 맞췄으나 그게 끝이 아니었다. 맞춰놓은 틀니를 받은 후에 몇 번 더 병원에 가 조금씩 손을 봐야 했으나 아버지는 그러기를 거부하셨다. 새로 했으니까 됐다는 말로 다시 시작된 "귀찮아", "괜찮아", "시끄러워", "됐어"…. 결국엔 맞지 않아 불편한 틀니를 빼고 생활하셨고, 그제야 구내염으로부터 벗어날 수 있었다. 그러나 드시는 음식은 크게 달라지지 않았다. 이미 간이 약한 음식에 익숙해지셨고, 틀니를 사용하지 않으시니 먹을 수 있는 음식에는 한계가 있었기 때문에.

잊고 있었다. 칼칼한 음식을 좋아하던 아버지. 그리고 생선을 좋아하던 아버지를. 비린 맛이 나는 양미리 조림을 좋아하셔서 식탁 위에 꽤 자주 올라오기도 했고, 추어탕을 무척 좋아해 엄마는 집에서 추어탕을 자주 끓이셨다. 내가 시험관 시술을 하던 시절, 내 몫의 추어탕을 사면서 아버지가 드실 것도 몇 번 사다 드렸다. 그때마다 아버지는 뭐하러 사 오냐며 타박하셨지만, 그 말들이 무색하게 곁들여 사 간 추어 튀김까지 꽤 맛있게 드셨다. 한번은 집 근처 어죽집에서 어죽을 먹을 때였다. 아버지가 좋아하실 맛이라는 생각에 다음에 포장해 가야겠다고 마음먹었던 적이 있다. 마음만 먹었다. 생각만 했다. 그때는 아버지가 구내염 때문에 고춧가루 양념이 된 걸 드시기 어려울 때라 사 들고 가봤자 그림의 떡이었을 테니까. 이후 그곳을 지날 때마다 아버지 생각이 났지만 언젠가는 그 생각마저도 하지 않게 되었다. 익숙해진 거겠지. 그 어죽집도, 어죽을 사 가도 드시지 못할 아버지도. 그렇게 익숙함에 기대어 미뤄온 사이, 손 쓸 새도 없이 떠나버릴 거라는 건 미처 알지 못하고서.

아버지가 입버릇처럼 말씀하시던 "귀찮아", "괜찮아", "시끄러워", "됐어" 뒤에는 희미하게 "자식들에게 부담 주고 싶지 않아. (그러니까) 신경 쓰지 마"라는 말이 이어지곤 했다. 그 말을 들을 때마다 자식들에게 정말 부담이 되는 건 이렇게 쓸데없는 고집을 부리는 거라며 화를 내기도 했다. 자식들을 정말 생각한다면 병원에 가자고 부탁도 했다. 할머니, 할아버지라면 아버지도 그냥 보고 있을 수 있냐며 유독 효자였던 당신의 마음에 호소도 했다. 틀니 그게 뭐라고. 병원 그게 뭐 대수라고. 그러나 이제 와 생각해보면 부모와 집안 사정 앞에서 자신을 포기하고 살던 아버지는 부모가 되어서도 자신을 포기하셨던 건 아니었을까. 미리 알았더라면 나는 어떻게 해야 했을까. 어떤 걸 더 할 수 있었을까. 아직도 모르겠다. 정답과는 상관없이 후회는 언제나 이렇게 늦게 찾아온다. 이 감정이 후회가 맞기는 한 건지도 사실은 잘 모르겠다.

눈을 감고 있자니 지난 시간의 아버지가 스냅사진처럼 나타났다 사라지기를 반복한다. 눈물이 차올랐다. 반짝하고 나타난 아버지 때문인지, 산동제 때문에 시린 눈 때문인지는 알 수 없다. 어느새 간호사 선생님이 다가와 눈꺼풀을 열고 동공이 제대로 확장되었는지 확인한다. 눈꺼풀이 열리며 아버지와 함께 찾아왔던 다른 시공간의 문이 닫힌다. 어느덧 진료실에 들어갈 시간이다.

2부
마음의 맛

맛은 단순한 감각이 아닌
기억과 감정이 스며든 경험으로 남는다.
같은 재료와 레시피로 만들더라도
'마음이 들어간 음식'은 다를 수밖에.

밥
짓다

 심리 상담사와 함께 하는 소규모 모임이었다. 가장 편안한 상태의 나를 알아가는 과정에서 몇 가지 질문을 받게 되었다. 그 가운데 이런 질문이 있었다. '내가 가장 편안함을 느끼는 맛은 무엇인가요?'

 좋아하는 음식을 떠올려봤다. 먹는 것에 진심인 나에게 좋아하는 음식이 어디 한두 가지겠냐만, 모든 음식의 맛이 곧 편안함으로 이어지지는 않았다. 좋아하는 음식이니 기분은 좋아질 수 있겠으나 그건 편안함과는 다르다.

 답을 찾기까지 그리 긴 시간이 필요하지는 않았다. 다름 아닌 밥. 그중에서도 나의 영란 씨, 엄마가 금방 지어주신 부드럽고 윤기가 흐르는 밥의 맛이었다.

 나는 밥 짓는 냄새에서 행복을 느끼고, 엄마의 밥맛에서 편안함을 느낀다. 몸이 아플 때면 흰쌀죽을 먼저 찾는다. 오빠의 말에 의하면, 어릴 적 엄마가 집을 비울 때면 감자와 호박을 부쳐놓고 나갔다고 했다. 밥때에 들어오지 못할 수 있으니 배고프면 먹고 있으라고. 오빠는 그게 너무 싫었고 그런 이유로 지금까지 감자와 호박은 잘 안 먹게 된다고. 어린 오빠 옆엔 더 어린 내가 있었다. 나라고 엄마가 집을 비우는 게 좋았을까. 갓 지은 밥 냄새가 난다는 건 엄마가 집에 있다는 뜻이었을 거다. 엄마가 집에 있다는 증거. 어린 내게 편안함을 주었을 그 냄새가 지금껏 이렇게 깊고 강렬하게 남아 있던 거구나. 내게 밥이 갖는 의미가 클 수밖에 없는 이유가 이제야 설명되었다.

엄마는 젊어서부터 지금까지도 늘 압력밥솥으로 밥을 짓는다. 나도 엄마처럼 압력밥솥으로 거의 매일 새 밥을 짓는다. 그런데 어떻게 해도 엄마의 밥맛을 따라갈 수가 없다. 쌀의 차이인지 밥물의 정도 차이인지, 불림 혹은 불의 세기 차이인지. 아니면 손맛의 차이인지도 모르겠다. 손맛이면 곤란한데. 그건 정말 따라갈 수가 없는데…. 엄마 밥은 늘 과식을 부른다. 밥 자체가 밥도둑이 되는 셈이다. 내게만 밥도둑은 아니었는지, 엄마 손을 거쳐 가면 모두 오동통하게 살이 붙었다. 나와 오빠는 물론이거니와 어린 시절 잠시 지내다 간 사촌들마저도.

밥을 짓는 방식은 다양하다. 압력밥솥이나 전기밥솥 아니면 냄비나 무쇠솥 등 어디에 밥을 하느냐에 따라서 달라지고, 불림의 정도, 밥물의 양에 따라 또 달라질 수 있다. 하지만 어디에 어떻게 지어도, 밥은 결국 쌀로 짓는다.

사실 나는 꽤 오랜 시간 쌀 맛 다 거기서 거기라는 생각으로 살아왔다. 쌀의 종류와 품종은 왜 그렇게 다양한 건지. 뭘 골라야 할지 몰라 결혼하고 한동안은 친정에서 먹던 것과 같은 철원 오대쌀을 먹었다. 그러다 언젠가부터는 이런저런 잡곡을 섞어 먹으며 쌀의 비중이 서서히 줄어들면서 품종과는 상관없이 마트에서 할인 중인 쌀을 사기도 했다.

언젠가 우연한 기회에 조선 향미를 알게 되었다. 영란 씨도 맛있다는 말을 여러 번 하실 정도로 극찬을 하던 쌀이었지만,

'아무리 맛있어 봤자 밥맛'이라 생각하며 크게 기대하지 않았다. 아니, 그런데, 어쩜! 처음 그 맛을 봤을 때 깜짝 놀랐다. 아니지. 맛을 보기도 전 밥을 지으면서, 그보다 더 전에 쌀 포장지를 뜯을 때부터. 쌀에서 나는 향이라고는 믿기 어려울 정도로 구수한 냄새가 한껏 존재감을 뽐냈으니까. 밥을 짓고 밥솥 뚜껑을 열어 맛을 봤을 때는 또 어떻고. 찰기는 물론이거니와 쌀알 하나하나에 쌀 향이 응축되어 깊게 새겨진 듯했다. 밥 자체가 맛있어서 밥을 더 먹고 싶게 만들었을 정도로. 이래서 사람들이 좋은 품종의 쌀을 찾는 거였구나. 아무리 맛있어봤자 밥맛이라는 생각은 뭘 잘 몰라서 한 소리였던 거다. 좋은 쌀은 좋은 맛을 낸다. 기존에 갖고 있던 쌀과 맛 차이가 너무 나서 예전 쌀은 결국 잡곡에 모두 섞어버렸다.

시아버지를 모신 곳은 이천이다. 때가 되면 우리 가족은 시어머니를 모시고 이천에 간다. 도자기와 쌀로 유명한 곳. 그건 이천 톨게이트만 빠져나오면 어렵지 않게 알 수 있다. 곳곳에서 수많은 이천쌀밥집을 볼 수 있으니. 그 덕분에 우리는 이천에 갈 때마다 도장 깨기를 하듯 새로운 이천쌀밥집을 찾아다녔다. 나오는 반찬이나 곁들임 메뉴에는 큰 차이가 없지만, 그곳이 어디건 우리는 의도치 않게 과식을 한다. 평소 식사량이 적은 시어머니도 개인 밥솥에 지어진 밥과 누룽지까지 남김없이 다 드실 정도로. 순수하게 밥맛이 좋아서일 뿐 다른 이유는 없다. 오일을 발라놓은 것처럼 윤기가 좌르르 흐르고 씹을수록 쌀밥 특유의 구수함과 단맛을 함께 가져온다. 과식하지 않겠다는 다짐은 연기처럼 사라지고 '에라 모르겠다, 일단 먹자' 하는 건 한순간이다. 이천쌀밥집에서 간장게장 같은 밥도둑은 필요하지 않다. 이렇게 맛있는 밥이라면 그걸로도 이미 충분하다.

간혹 어원과는 관계없이 글자의 생김이 그 글자의 의미와

참 닮았다고 느껴지는 경우가 있다. 예를 들어 '꽃'은 정말 활짝 핀 꽃처럼 보이고, '몸'은 양팔을 벌리고 서 있는 몸처럼 보인다. '밥'도 내게는 그렇다. 고봉밥처럼 밥그릇 위로 봉긋하게 담긴 밥과 옆에 놓인 수저의 모습 같달까. 어쩐지 밥을 스타카토처럼 짧게 발음하지 않고 길게 늘어뜨려 [바:압]이라고 푸짐하게 발음해야 할 것 같기도 하다. 지금이야 밥 말고도 맛있는 먹거리가 많아져 대식가가 아니고서는 고봉밥 먹는 모습을 찾아보기 힘들다. 그러나 조선의 별칭이 대식국이었던 걸 보면 과거에는 밥이라면 자연스레 그런 고봉밥을 떠올리지 않았을까. 실제로 지금 공깃밥 한 그릇의 양이 200그램 정도인 한편, 조선시대에는 대략 700그램이었다고 하니 지금의 국그릇이 그 시절의 밥그릇이었다고 해도 과언은 아닐 것이다.

지금이야 가볍게 나누는 "식사하셨어요?" 혹은 "밥 먹었어?"라는 인사도 먹을 것이 부족했던 시절에는 정말 그 사람의 끼니 걱정을 담은 인사였을 터. 오래전 고대부터 일제강점기를 지나면서까지도 보릿고개는 존재했다. 1970년대에 들어서 쌀 생산량이 증가하고 이동 수단이 좋아지면서야 보릿고개를 넘을 수 있었다. 정말 원초적인 '먹을 것'에 대한 고민을 벗어난 건 고작 50여 년 지났을 뿐이라는 얘기다.

오래된 역사와 문화적 배경을 가져서인지, 한국인에게 밥이란 단순히 허기를 채우는 것 이상의 의미로 삶 곳곳에 스며들어 있는 걸 어렵지 않게 찾아볼 수 있다. 가정교육을 밥상머리 교육이라고 말하고, 밥 한번 먹자는 인사를 나눈다. 이야기의 복선을 떡밥이라고 하기도, 어떤 일을 준비할 때 밑밥을 깐다고도 한다. 홀대를 당할 때면 찬밥 신세라고, 맡은 몫을 제대로 하지 못할 때는 밥값을 못한다고 하며, 같은 직장 동료를 한솥밥 먹는 사이라고도 한다. 이익이나 자리를 차지하려 경쟁할 때는 밥그릇 싸움을 한다고 말한다. 아니꼽고 기가 찰 때는 또 어떻고. 그땐 밥맛 없다고 하지 않던가.

밥을 비유적으로 사용하는 말이 많다는 건 그만큼 우리에게 밥이란 끼니를 넘어서는 더 큰 의미가 있어서가 아닐까. 외국인이 한국어를 배울 때 가장 이해하기 어려운 게 "밥 먹었어?"라는 말이라고 한다. 그게 곧 상대방의 안녕함을 묻는 인사임을 이해하지 못하고서는 쉽게 납득하기 힘들지도 모르겠다. 내 어린 시절과 연결 짓기 전까지는 내게 밥이 갖는 의미를 나 스스로도 이해하기 어려웠던 것처럼.

밥은 '하다'가 아니라 '짓다'라고 표현한다. '짓다'의 뜻을 사전에서 찾아보면 '재료를 들여 밥, 옷, 집 따위를 만들다'라는 뜻이 첫 번째로 설명되어 있다. 재미있는 건 설명의 세 번째는 '시, 소설, 편지, 노래 가사 따위와 같은 글을 쓰다'라는 거다. 밥食, 옷衣, 집住. 인간 생활의 가장 기본이 되는 세 가지 요소를 만드는 것도, 그 가운데 食의 이야기를 쓰고 있는 나의 행위도 모두 '짓다'로 연결되어 있다는 게 참 재미있다. 마치 이 쓰기가 내게는 의식주만큼 중요한 일처럼 느껴지기도 하고.

그도 그럴 것이 쓰는 일이 결국 나를 살리는 일이기도 했으니.

 오늘은 왠지 잡곡은 넣지 않고 하얀 쌀로만 지은 밥이 먹고 싶다. 압력밥솥의 추가 돌기 시작하면 주방에는 밥 짓는 냄새가 나기 시작할 거다. 내게 편안함을 주는 영란 씨의 밥과는 또 다르게, 내가 짓는 행복의 냄새가 그렇게 온 집 안에 가득 차겠지. 생각만으로도 벌써 설레는걸.

보늬 밤
고생 끝에 얻는 달콤함

명절이 되면 시아버지는 밤을 깎으셨다. 그렇다고 밤만 깎으신 건 아니다. 추석엔 떡 반죽을, 설에는 만두피 반죽을 손수 하셨고 떡국에 쓰일 곰탕을 끓이기도 하셨다. 그것 말고도 음식을 준비하는 시어머니 곁에서 쉬지 않는 손발이 되어주셨으니 '시아버지는 밤을 깎으셨다'는 말은 자칫 밤만 깎았다는 오해가 될 수 있어 좀 억울하실지도 모르겠다. 그럼에도 그 가운데 밤을 콕 집은 이유는 별거 없다. 그냥, 내가 좋아서. 그렇게 까놓은 뽀얀 밤을, 오며 가며 집어 먹는 걸 좋아해서다.

매끈하고 윤기가 흐르는 밤은 보는 것만으로도 입꼬리가 스르르 올라간다. 껍질을 까놓은 생밤을 오독오독 씹어 먹는 것도, 쪄놓은 밤을 숟가락으로 알뜰하게 떠먹는 것도 좋다. 이때 중요한 건 칼로 자르는 게 아니라 앞니로 톡, 깨물어 반으로 갈라야 한다는 점이다. 칼을 쓰면 재미가 없고, 어쩐지 맛도 반으로 줄어드는 것 같다. 추운 겨울 길에서 파는 군밤은 말해

뭐 해. 누구라도 종이봉투에 담긴 군밤을 무심하게 내민다면 그게 언제라도 난 환하게 웃고 말 거다.

율란을 만들기도 했다. 찐 밤의 속을 잘 파내 체에 내린 다음 꿀을 넣어 조물조물 한입 크기로 뭉쳐준다. 마지막으로 아래쪽에 시나몬 가루를 살짝 묻혀주면 완성. 율란을 만든 건 한 번뿐이었지만, 정성을 쏟았던 덕분인지 몇 해가 지난 지금까지도 선명하다.

책이나 영화를 보다 보면 작품에만 머물러 있지 않고 더 입체적으로 경험하고 싶은 순간들이 있다. 이를테면 주인공이 무심하게 들었던 음악을 찾아 듣는다거나, 방문했던 장소를 찾아 가본다거나, 읽었던 책을 찾아 읽는 식으로. 그 가운데 무엇보다 나를 자극하는 건 바로 음식이다. 한때『심야식당』의 메뉴로 늦은 저녁의 허기를 달랬고,『제철 행복』을 읽으며 미나리가 제철인 계절에 찾아가겠다는 다짐으로 돌미나리집을 검색했다. 『순간을 믿어요』 속 즈므집이 어딘지 궁금해 잊을 만하면 한 번씩 찾아보기도 했으니. 그런 의미에서 영화 〈리틀 포레스트〉는 뭐랄까, 내게는 말 그대로 노다지와도 같았다.

영화는 내게 하나의 레시피 북과 다름없었다. 크게는 자연 가까이에서 살아가는 모습이, 그리고 그 삶 한가운데에서 계절에 따라 만들어가는 음식이 담겨 있는 레시피 북.

제철의 재료들로 만들어낸 많은 음식 가운데 눈에 띈 요리가 어디 한두 가지였겠냐만 그 중에서도 특히 눈길을 끈 것이 있었다. 바로 밤 조림이다. 그런 음식이 있다는 것도 몰랐을 뿐더러 밤을 그렇게도 먹을 수 있다는 사실이 놀라웠다. '어머, 이건 만들어야 해!' 절대 미각 장금이도 아니면서 먹어보지도 않은 밤 조림을 겁도 없이 만들어 먹겠다는 나를 나조차도 이해할 수 없었다.

냉장고에 밤을 쌓아두고 있는 게 아니다 보니 파르르 타올랐던 밤 조림에 대한 마음은 서서히 식어갔고 자연스레 밤 조림은 머릿속에서 잊히는 듯했다. 그러던 어느 날 지인의 결혼식 참석을 위해 충남 부여로 향하던 중이었다. 공주는 밤이 유명하지. 밤 맛있겠다. 밤, 밤이라, 아 그래, 밤 조림! … 의식의 흐름 끝에 밤 조림이 깨어났다. 어느덧 우리 차는 길가의 한 창고형 밤 판매점에 멈춰 섰고, 내 손엔 밤 한 자루가 들려 있었다.

밤 조림. 조금 더 정확하게는 보늬 밤 조림(이하 보늬 밤). 그냥 밤 조림과 보늬 밤은 다르다. 보늬는 밤이나 도토리같이 겉껍질이 있는 나무 열매 속의 얇은 껍질(내피內皮)을 뜻한다. 은행이나 땅콩의 겉껍질을 벗기고 나면 붉은 속껍질이 나오는데 그것도 보늬다. 그러니까 보늬 밤이란, 밤의 두꺼운 겉껍질을 벗긴 후 속껍질은 그대로 남긴 상태에서 조려낸 밤을 뜻한다. 이렇게 말하면 겉껍질만 벗기니까 간단하다고 생각할 수 있을 테지만, 그건 아주 큰 오해다. 밤의 겉껍질만 벗기면서 속껍질을 그대로 살리는 게 얼마나 신경을 곤두서게 만드는 일인지 해보지 않으면 모른다. 그건 영화 속 혜원도 알려주지 않더라. 보늬 밤의 핵심은 보늬, 속껍질이다. 속껍질을 건드리지 않고 겉껍질만 까고 있다 보면 안 그래도 껍질을 까느라 힘이 바짝 들어간 손에 감각이 사라진다. 그냥 싹 다 벗겨버리고 싶은 마음이 수도 없이 올라오지만, 워워. 그건 있을 수 없는 일. 욱하는 마음에 다 벗겨버리고 나면 더는 보늬 밤이라 말할 수 없다. 그건 그냥 깐 밤일 뿐이고, 그 상태에서 조리게 되면 보늬 밤 조림이 아닌 마트에서 흔하게 볼 수 있는 대기업의 맛밤이 될 뿐이다.

겉껍질을 벗겨낸 밤을 그대로 조리면 떫다. 베이킹소다를 넉넉하게 뿌리고 밤이 잠길 정도의 물을 부어 반나절 이상 담가둔다. 그 물 그대로 30분 정도를 끓인 후 물을 바꿔 또 끓이기를 서너 번 반복한다. 그러다 보면 짙은 고동색이었던 물이 점점 맑아진다. 이후 속껍질의 잔털이나 질긴 부분을 뾰족한 이쑤시개로 제거해주면 손질은 끝이 난다. 다시 밤이 잠길 정도의 물을 붓고 설탕이나 꿀, 또는 조청을 넣은 후 한 번 더 끓여주면 된다. 불을 끄기 전 향이 좋은 술을 한두 잔 넣어주면 먹는 동안 좋은 향까지 함께 즐길 수 있다. 나는 풍미가 깊은 위스키를 넣었지만 취향에 따라 와인이나 브랜디를 넣기도 한다. 만드는 사람의 손길에 따라서, 더하는 재료에 따라서 맛과 향이 조금씩 달라진다는 것. 그게 보늬밤이 가진 또 다른 매력이지 않을까.

작은 병에 나눠 담아두었다가 야금야금 꺼내 먹을 땐 만드는 동안의 수고는 까맣게 잊게 된다. 그 자체로 맛이 좋아서이기도 하지만 그 수고로움 덕분에 더 깊고 달콤하게 느껴진다고 해도 과언은 아닐 거다. 고진감래苦盡甘來가 별건가. 바로 이 맛이 고생 끝에 얻은 달콤함이 아니고 뭐겠냐고. 그렇게 만든 보늬밤은 혼자 먹기엔 아까워 가까운 지인들에게 선물하곤 한다. 수고는 내가 이미 했으니 선물 받은 당신은 그저 맛있게만 먹어주면 충분하다는 마음으로. 그러다 보면 정작 내가 먹는 양보다 선물하는 양이 더 많아지기도 하는데, 그게 전혀 아깝지가 않다. 원래 맛있는 건 나눠 먹는 거니까. 애초에 그런 마음으로 만드는 것이기도 하고.

 디저트 가게에서 수제 보늬 밤 케이크를 발견하면 반가운 마음이 앞선다. 보늬를 살리면서 특유의 떫은맛과 까슬함을 없애는 수고스러운 과정을 알기에 그 앞에선 기꺼이 지갑을 열게 된다. 그러나 반가움과 기대가 실망으로 바뀌는 순간을 수차례 경험했다. 케이크 속에 들어 있는 밤이 보늬 밤이 아니라 그냥 밤 조림이었기 때문이다. 애초에 밤 조림 케이크라고 했더라면 그저 맛있게만 먹었을 텐데, 보늬 밤을 떠올리며 맛밤 같은 밤 조림을 먹으니 아쉬운 마음만 커질 수밖에. 사과를 떠올리며 감을 먹어서 사과에게도 감에게도 미안했다는 어느 작가의 마음이 이런 거였을까. 그럴 때면 과정이 번거로워 매번 뒤로만 미루던 걸 기어코 만들고 싶어진다. 손에 쥐가 났던 기억도 잊고 '밤, 그까짓 거 내가 까고 만다' 하는 마음을 먹게 되는 거다.

추석이 다가오고 있다. 아직 한낮엔 폭염주의보 문자가 날아들지만, 햇밤이 나오고 있다는 소식도 들려오기 시작했다. 보늬 밤 만들기 좋은 계절이 되었다는 신호다. 추석을 잘 보내고 나면 밤 한 자루를 사야겠다. 손은 많이 갈지언정 다정한 이들과 함께하는 시간을 더욱 달콤하게 해줄 보늬 밤을 만들어야지. 우선 그 전에 레시피 복기도 할 겸, 영화부터 한 번 더 볼까.

곳간을 채운다는 건
엄마와 냉장고

날이 더워지면 자꾸만 물도 커피도 찬 것만 찾는다. 뉴스에선 올해도 어김없이 기록적인 더위가 될 거라는 소식이 진작부터 들려왔지만, 거의 매년 들어온 말이라 썩 대수롭지 않게 여겼다. 방심하고 있다가 호되게 당하는 중이다. 어쩌면 이번 여름은 정말 역대급이 될지도 모르겠다는, 예년에는 없던 두려움이 엄습해온다.

얼려놓은 얼음이 똑 떨어져 남편에게 얼음 좀 얼려달라고 부탁했다. 부탁. 그래, 이건 부탁이다. 1인 가구가 아닌 이상 저마다 정해놓은 약속에 의해, 혹은 자연스럽게 각자 맡게 된 역할이 있을 거다. 우린 회사로 출근해서 경제활동을 하는 것은 남편의 몫, 집안일은 나의 몫으로 업무가 분담되어 있지만, 얼음을 얼리는 것만큼은 부담스럽지 않은 정도의 일이라 남편에게 맡기는 편이다. 그게 번거로워서인지 이맘때가 되면 남편은 자꾸만 제빙기를 사고 싶다며 쇼핑 사이트를 살펴보곤

한다(음식물 쓰레기 버리기를 맡겼다면 음식물 처리기를 알아봤을까). 얼음 틀을 꺼내 온 남편이 물을 부으며 묻는다.

"근데, 얼음을 얼릴 데가 있어? 냉장고 꽉 찼잖아."

그랬지. 냉장고가 꽉꽉 찼었지. 정말 말도 못 하게 꽉 찼었지.

친정의 인테리어 공사를 하는 5월 한 달 동안 영란 씨는 우리 집에서 함께 지냈다. 시한부 합가에 기대감이 높아질수록 마음 한편에는 불안감도 함께 자라났다. 내 집에 모시는 걸 당연하게 여겼지만, 생각과 마음이 늘 같은 방향을 바라보는 건 아니니까.

결혼 후 단 하루도 친정에서 잠을 잔 적이 없었다. 처음 신혼집은 걸어서도 오갈 수 있는 거리에 있었고, 두 번째 집도 차로 30분이면 충분히 갈 수 있는 거리였다. 지금도 별반 다르지 않다. 양가 어머니들은 가까이 살다 멀리 간다며 걱정하셨지만 그래봤자 서울에서 인천이다. 엎어지면 코 닿을 정도의 거리(…까지는 아니지만)에 살고 있으니 명절에도 굳이 친정이나 시가에서 잠을 잘 필요가 없었다. 그동안 함께 여행을 다녀온 적은 있어도 그건 여행이었을 뿐. 30일간의 합가는 얘기가 다를 수밖에.

아침에 눈을 뜨면 '안녕히 주무셨냐'는 인사로 하루를 시작하고, 잠자리에 들기 전엔 '안녕히 주무시라'는 인사로 하루를 마무리 했다. 외출한 영란 씨의 귀가가 늦어지는 날이면 집엔 잘 들어오실는지, 저녁 식사는 하신 건지 신경 쓰게 되는 일상. 누군가 내게 그런 말을 하더라. 가족이라는 이름으로 얽혀는 있지만 서로 다른 공간에서 다른 패턴으로 생활하던 사람이 한 지붕 아래 산다는 건, 각자 다른 영역에서 살던 호랑이 두 마리가 한 우리에 함께 사는 것과 같다고. 아이쿠야.

문제는 생각지도 못한 곳에서 나타났다. 바로, 냉장고.

함께 지내는 첫날부터 내 냉장고는 엄마의 식재료로 점령당하기 시작했다. 엄마 냉장고에서 나온 식재료가 내 냉장고에 들어오면서 애써 유지해오던 냉장고 안의 여백을 채웠다. 다양한 식재료가 테트리스 하듯 구석구석을 채우며 밝은 조명이 서서히 가려지고 있었다. 공사를 앞두고 당신도 최선을 다해 정리하고 줄였음에도 냉장고 두 대 분량의 식재료가 합쳐지니 어쩔 수 없는 노릇이었을 터. 머리로는 충분히 할 수 있는 이해를 가슴은 미처 따라가지 못했던 걸까. 점점 어두워지는 냉장고가 마치 내 마음 같았다. 방법은 하나. 열심히 먹어서 가능한 한 빨리 비울 것. 그렇게 냉장고의 여백을 다시 찾아야 했다.

당장 빠르게 소진할 수 있는 건, 밭을 옮겨다 놓은 듯한 양의 쌈채소였다. 쌈 싸 먹는 걸 좋아하지만, 그래도 그렇지. 한 쌈에 상추 두 장 깻잎 두 장은 기본으로 싸 먹어본 사람, 손?! 빨리 먹어 없애 다시 냉장고 속 빈자리를 찾아야겠다는 생각뿐이었다. 그게 얼마나 단순한 생각이었는지 한 쌈에 네 장씩 먹을 때는 미처 알지 못했다. 오늘 다 먹고 나면 내일은 냉장고 안에 평화가 찾아올 줄 알았으나 영란 씨에게 냉장고의 여백은 채우라고 있는 거였다. 오늘 다 먹으면 내일 또 그만큼이 다시 채워졌으니까. 어느 날은 과수원을 그대로 옮겨다 놓은 듯 많은 과일이, 어느 날은 이걸 언제 다 먹나 싶을 정도의 유산균 음료가 채워졌다. 나의 영란 씨는 마치 조금의 빈틈도 허용하지 않겠다는 의지를 가진 사람 같았다.

한번은 엄마와 함께 동네 마트에 장을 보러 갔다. 애호박이 하나에 980원, 시금치가 한 단에 1,980원으로 행사 중이었다. 그날 예정되었던 저녁 메뉴 재료에 애호박과 시금치는 없었지만 그냥 돌아서기엔 너무나 매력적인 가격이었다. 호박 두 개, 시금치 한 단 사 들고 나오는데… 영란 씨가 다시 들어가 호박을 두 개 더, 시금치를 한 단 더 사서 나오는 게 아닌가. 호박도 시금치도 바로 먹을 게 아닌데 뭐 이렇게까지 사느냐는 내게 "할인하잖아. 언제 또 나와. 딸 집에 얹혀살면서 이 정도는 해야지"라며 웃는 영란 씨. 허허. 아이고 어므니.

함께 지내며 일주일을 넘겼을 즈음부터는 더는 내 냉장고가 아니었다. 겉모습만 내 것일 뿐 그 안은 영란 씨, 엄마의 것이었다. 엄마의 냉장고는 늘 이렇게 가득 차 있었다. 직장생활을 하며 장 볼 시간이 여유롭지 못하고, 지금처럼 잠들기 전 주문하면 눈도 뜨기 전에 현관 앞에 도착해 있는 배달 시스템이 구축되기 전의 나처럼… 필요한 식재료를 언제든 바로 꺼내 먹기를 바라는 마음에 냉장고를 채워두던 나처럼 엄마도 마찬가지였다. 생각해보니 그 시절의 내 냉장고가 바로 엄마의 것을 닮은 거였구나.

엄마의 냉장고는 손주들을 위해서 채워지기도 했다. 아이들이 할머니 집에 올 때가 되면 각종 아이스크림으로 냉동실을 채워두셨다. 종류는 또 얼마나 다양한지, 이름도 처음 보는 것들이 대부분이었다. 아이들의 취향을 알 수 없으니 무

조건 비싸고 고급스러워 보이는 것들로 고른 거겠지. 당신이 드시는 거라고는 반으로 똑 잘라 먹는 더위사냥이나 달콤하고 부드러운 메로나, 여름날 팥빙수를 대신할 비비빅이 전부일지라도. 게다가 손은 또 얼마나 큰지, 식구들이 에피타이저와 디저트를 모두 아이스크림으로 먹고도 남을 정도였다. 할머니의 냉장고엔 아이스크림이 많다는 걸 아는 아이들은 현관문을 열고 들어와 인사를 한 후 자연스레 할머니의 냉장고를 탐닉했다. 그런 아이들을 알기에 가족들이 모이는 날이 되면 영란 씨는 아이스크림 사는 걸 멈출 수가 없었을 거다. 영란 씨가 아이스크림을 사다 놓은 게 먼저였는지, 아이들이 아이스크림을 찾으려고 냉동실을 여는 게 먼저였는지 그 시작은 희미해졌다. 아마도 채워놓은 쪽이 먼저였을 확률이 높을 것이다.

애호박 네 개와 시금치 두 단을 사 들고 마트 문을 나서며,

이젠 필요할 때 바로 나가서 사 올 수 있으니 이렇게 무리해서 살 필요가 없다는 말을 했다. 영란 씨도 나도 더는 직장에 다니지 않으니 필요할 때 가까이에 있는 마트에 가서 사면 된다고. 이제 1인 가구가 된 영란 씨와 앞으로도 2인 가구로 살아갈 나이기에 굳이 이렇게 많이 사다 놓고 숙제처럼 먹을 필요는 없지 않겠느냐고 말이다. 아이들을 위해 사다 놓은 아이스크림도 정작 선택받지 못하면 다음에 다시 아이들이 올 때까지 자리를 차지하고 있었다. 그 '다음'이 짧은 간격은 아니기에 어느 순간 성에가 끼고 기분 나쁜 냉동실 맛이 더해지기도 했다. 영란 씨는 그렇게 남겨졌던 것들을 버리거나 당신의 숙제처럼 드셨을 거다. 아이스크림뿐 아니라 그 어떤 식재료라도 그렇게 소비하고 싶진 않다.

정년까지 직장생활과 집안일을 손에서 놓지 않은 영란 씨에게 '살 수 있을 때 사놓는' 것과 '할인할 때 하나라도 많이 사

두는' 건 당연한 일이었다. 이제는 예전과 달리 냉장고를 채워 둘 필요가 없다는 걸 알면서도 곡간을 채워두는 습관은 하루아침에 바꿀 수가 없으셨던 거겠지. 게다가 딸 집에 '얹혀살며 신세를 지고 있다'는 생각에 뭐라도 더 채워놓고 싶은 마음까지 더해졌을 거다.

이제 와 드는 생각인데, 그날 마트에서 집까지 걸어오며 나누었던 우리의 대화가, 나의 말들이 혹여 잔소리처럼 들렸을까. 그러려던 건 아니었는데.

그날 이후 서서히 냉장고 안에 평화가 찾아왔고, 차차 다시 나의 것으로 돌아오는 듯했다. 비록 그 평화가 오래 유지되지는 못했지만.

한 달간 함께 머물다 다시 당신의 집으로 돌아가시기 전, 우리의 공식적인 합가의 끝이 다가오며 영란 씨는 수시로 장을 보려 했다. 공사가 끝난 집에서 사용할 생필품을 사러 간 대형마트에서도, 혼자 외출했다 들어오는 길에도 양손 무겁게 뭔가를 들고 오셨다. 나의 곡간은 다시 밭과 과수원을 옮겨다 놓은 듯했고, 하루에 두 개씩은 마셔야 할 것 같은 유산균 음료와 각종 영양제들로 채워졌다.

여백이라고는 찾아볼 수 없을 정도로 꽉 찬 곡간 앞에서 처음처럼 당황하진 않았다. 빛을 찾아볼 수 없는 냉장고처럼 내 맘이 어두워지지도 않았다. 영란 씨가 그렇게 쉴 새 없이 내 곡간을 채워 넣는 이유를 알아서다. 마트가 가까이에 있어 필요하면 언제든 나가서 사 올 수 있고, 급하면 밤에 주문해서 이른 아침에 받을 수 있다는 건 이미 알고 있어도, 딸의 곡간을 채워주고 싶은 마음. 손주들을 위해 아이스크림으로 냉동실을 채우던 것과 똑같은 마음이 투명하게 보여서, 싫기보다는 오히려 고마웠던 엄마의 그 마음. 그건, 사랑의 다른 모습이었다.

그날, 동네 마트 할인에 혹해 사 들고 온 시금치 두 단과 네 개의 애호박은 어떻게 되었을까. 시금치는 달걀과 함께 스크램블로 만들기도, 가볍게 데쳐 국간장과 함께 무치거나 된장을 풀어 국으로 먹었다. 애호박은 어느 날은 씨를 발라내 새우젓과 볶았고, 어느 날은 찌개에 넣거나 보리새우와 함께 전으로 부쳐냈다. 안타깝게도 애호박 하나는 끝내 살려내지 못하고 버려졌음을 고백한다. 냉장고 아래 칸 구석에서 문드러진 애호박을 꺼낼 때 유난히 마음 끝이 불편했던 이유는, 단순하게 아깝다는 마음을 넘어 마치 엄마의 마음을 버리는 것 같아서였다.

영란 씨가 당신의 오래된 새집으로 다시 가신 지 보름이 지났다. 빈틈없이 꽉꽉 차 있던 엄마의 흔적들은 거의 다 사라지고 없다. 냉장고도 이제야 원래의 내 것 같고 크기별로 다양한 얼음 틀을 여러 개 놓아도 좋을 정도로 여백의 미를 되찾았는데, 참 이상하지. 오늘은 왜 이렇게 마음이 한편이 허전한 걸까.

비닐 봉다리 속의 그건

고마움

결혼 후 몇 년간 당장 먹을 것도 아니면서 사다 쟁여놓기에 바빴다. 맞벌이하던 시절엔 필요할 때 바로 장을 볼 수 없는 날이 많았기에 주에 한 번, 혹은 보름에 한 번 장을 봐 냉장고를 채워두었다. 대용량으로 사다 소분해두기도, 양가에서 받아와 바로 먹지 못하는 식재료를 넣어두기도 하면서. 그렇게 야금야금 쟁여두다 보면, 어느 날 문득 꽉 찬 냉장고가 답답하게 느껴졌다. 그럴 때면, '어머 이게 뭐야?' 또는 '세상에, 이걸 언제 넣어둔 거지?' 하며 정체도, 쟁여둔 시기도 알 수 없는 것들을 발견하게 된다. 그렇게 누구에게도 들키기 싫은 순간을 마주하게 되는 거다. 그래서 냉장고 정리는 아무도 없을 때, 심지어 남편도 없을 때 해야만 했다.

직장을 그만둔 이후 난임 병원을 스스로 졸업하고 나서부터 꽉 찬 냉장고가 답답해졌다. 테트리스 하듯 차곡차곡 쌓인 식재료가 숙제처럼 느껴졌다. 냉장실은 선입선출先入先出이 어느 정도 지켜지는 반면, 냉동실은 어쩐 일인지 들어온 것만 있고 나간 것은 없었다. 그 결과 냉동실에는 하얀 성에 옷을 입은 화석 같은 식재료가 쌓이는 줄도 모르게 쌓여갔다. 화석들이 조리 과정을 거쳐 식탁에 올라올 확률은 매우 희박하다는 걸, 나는 알고 있었다. 냉장실처럼 냉동실에도 식재료를 한눈에 스캔할 수 있을 정도의 여유 공간이 확보되기를 바랐다. 그렇다면 가장 먼저 해야 할 일은 바로 오래된 화석부터 정리하는 거다. 대대적인 정리 이후 냉장고 안은 마치 동 간 거리가 널찍한 아파트 단지를 보는 것처럼 시원했다. 이후에도 최대한 안정적인 공간 확보를 유지하려 애쓴 덕분에 그 안을 들여다보는 내 마음도 편안했다.

오늘도 마음의 평안을 유지하기 위해 야금야금 채워진 냉동실을 정리하는 날이었다. 언젠가처럼 누구에게라도 들키기 부끄러울 만큼의 상태는 아니지만, 눈에 잘 띄지 않던 냉동실

서랍 두 칸이 마구잡이로 가득 차 있어 정리가 필요했다. 더는 '어머 이게 뭐야?' 하지 않도록 라벨링을 해두는데… 어머, 이건 진짜 뭐지? 냉동실의 가장 아래쪽 서랍 구석에 오랫동안 발굴해내지 못한 고대 화석처럼 자리한 검은 봉다리가 보였다. 그렇게 봉다리째 넣어두는 일은 매우 드문데, 대체 넌 정체가 뭐니? 야무지게도 묶여 있는 매듭을 풀고 검은 봉다리 속 반투명 흰 봉지(검은 건 봉다리가 어울리는데, 흰 건 봉지가 더 어울리는 건 왜일까)를 꺼내보니 그 안엔 번데기가 들어 있었다. 번데기. 그래, 번데기가 있었지.

이 번데기로 말할 것 같으면 언젠가 나의 영란 씨와 소래포구에 함께 가서 샀던 것이다. 단백질 덩어리라는 말과 함께 당신 것을 사면서 내게도 한 묶음을 안겨주셨다. 이렇게 많이는 필요 없다(그러니 사지 않겠다)는 말은 소용없었다. 왜 엄마들은 '괜찮아요', '필요 없어요', '안 사요'를 말 그대로 받아들이시지 않는 걸까. 그렇게 사 온 번데기는 이후 남편과의 술자리에 안

주로 한 번, 칼칼하게 탕으로 한 번 요리해 먹었다. 딱 거기까지였다. 그 후로는 한 번도 냉장고 밖으로 나오지 못한 채 냉동실 구석을 지키게 되어버렸다는 것이 오늘 발굴한 화석이 품은 역사다.

호불호가 갈리는 번데기는 나에겐 호. 그것도 극호다. 추억의 맛이다. 어릴 적에는 공원이나 관광지 근처에서 종이컵에 담아 파는 걸 사 먹었고, 성인이 되어서는 어두운 술집에서 뚝배기에 담긴 탕으로 만나는 날이 더 많았다. 어릴 적이라고 해도 아주 상꼬맹이는 아니었을 거다. 상꼬맹이 어린 시절엔 가족끼리 나들이라는 것을 간 적이 없었다. 그렇다고 소풍 가서 번데기를 사 먹을 만큼 용돈을 받았던 것도 아니고. 그러니 어릴 적이라고 해도 스물을 넘긴 이후지 않았을까.

종이컵에 담긴 번데기를 나무 이쑤시개로 콕콕 찍어 먹을 때는 상상할 수 없던 칼칼함이 뜨거운 뚝배기 안엔 가득했다.

술안주에 걸맞게 말 그대로 술을 부르는 맛. 그건 진짜 어른의 맛이었다. 아이의 맛이건 어른의 맛이건 입꼬리를 씰룩거리게 만든다는 건 변함이 없지만.

그렇게 극호의 취향을 가졌음에도 불구하고 사지 않겠다고 손사래를 친 건 경험으로 이미 알아서였다. 종이컵이건 뚝배기건 재미로 먹는 것이야 한두 번이면 충분하지만, 그러기엔 지나치게 대량이었다. 먹는 행위에 '단백질 섭취를 위해서'와 같은 목적이 부여된다면 오히려 얼마 먹지 못하고 버려질 게 뻔했다.

언젠가 유산을 하고 나서다. 유산은 출산과도 같아 산후조리 못지않은 몸조리가 필요하다. 누군가는 한약이라도 챙겨 먹기를 권했지만 그럴 수가 없었다. 당시 자궁에 근종이 있었는데, 경우에 따라서 한약이 근종을 더 크게 만들 수 있다는 말을 들었던 터라 조심스러웠다. 그렇다고 대신할 무언가를 찾을 생각도 하지 않았다. 실은 아이를 지키지도 못한 주제에 무슨, 몸조리에 한약이냐는 생각이 도려내지 못할 근종처럼 자라고 있었기 때문에.

그런 내가 안쓰러웠을까. 어느 날 난임 커뮤니티를 통해 만난 적이 있던 수가 내게 말을 걸어왔다.

"혹시 번데기 드세요?"

수는 인공 수정으로 두 아이를 품에 안았다. 그녀 역시 자궁에 아이보다 먼저 근종이 있었다. 임신을 준비하면서나 출산을 하고 나서도 보양을 위해 한약을 먹기란 쉽지 않은 일이었을 거다. 우리는 난임이라는 시간을 경험했고 근종이라는 공통분모를 갖고 있었다. 비록 출산과 유산이라는 전혀 다른 결과지를 받았어도 누구보다 내 마음을, 사정을 알고 있는 사람이었다. 그런 그녀가 축난 몸을 챙기라며 번데기라도 먹기를 권했다. 번데기라니. 어디에서 먹을 수 있는지 떠올려봤다. 놀이공원에라도 다녀와야 할까, 술집은 좀 아닌 것 같은데, 동네 시장에 (종이컵에 파는) 번데기가 있던가… 머릿속으로 그려만 보다가 그렇게 흘려보냈다. 원래 한 번 떠오른 일은 바로 밀어붙이지 않는 이상 슬그머니 잊히기 마련이니까.

그러던 어느 날, 한동네에 살던 수가 집 앞으로 찾아왔다. 조리되지 않은 번데기를 한 무더기 들고서. 처음이었다. 종이컵도 뚝배기도 아닌 비닐 봉다리에 담긴 비조리 상태의 번데기를 마주한 건. 집 앞까지 찾아와준 그녀에게는 고마웠지만, 그녀의 손에 들려 있는 번데기에 적잖이 당황했다.

안 그래도 평소에 그다지 외식을 즐기지 않는 편이기는 했는데 난임 병원에 다니면서는 더욱 조심했다. 맛이 있거나 없거나, 번거롭거나 말거나, 가급적 재료를 사 와 직접 요리해 먹는 쪽을 택했다. 간단한 반찬부터 시작해 삼계탕, 짬뽕, 쌀국수, 감자탕 등 집에서 만들어 먹는 메뉴가 점점 늘어났다. 그렇다고 배달 음식을 먹지 않는다거나 외식을 전혀 하지 않는 것은 아니지만, 한천을 사다 푸딩까지 만들어 먹었으면서도 번데기를 사다 직접 요리할 생각은 단 한 번도 해보지 않았다(아, 지금은 푸딩을 사 먹습니다. 그럼요, 푸딩은 사 먹는 거지요. 그렇고 말고요).

조리법은 어렵지 않게 찾을 수 있었다. 종이컵에 담긴 걸 이쑤시개로 콕콕 찍어 먹을 때는 조금 달뜬 마음이었고, 뚝배기에 담긴 걸 숟가락으로 먹을 때는 약간의 취기와 그만큼의 유쾌함이 함께였다. 그러나 이번엔 달뜸도 취기도 없었다. 그저 알 수 없는 서글픔이 조미료처럼 더해졌다. 적정량을 초과한 조미료는 처음 의도와는 달리 감칠맛을 주지 못한다. 먹을 때는 얼굴을 찌푸리게 만들고 꾸역꾸역 먹고 나서는 부대끼는 속 때문에 힘들다. 그래서인지 먹는 동안 하나도 즐겁지가 않았다. 이후 다시 손이 가지도 않았다. 한 번 정도는 더 먹었을까. 결국엔 반도 채 먹지 못하고 냉동실에서 성에 옷을 가득 입도록 방치한 후 오랜 고민 끝에 버리고 말았다.

원래 잘 버리지 못하는 성격이기는 하다. 물건은 물론이고 음식 앞에서는 더 망설여진다. 내 돈 주고 산 거라면 지불한 돈이 아깝고, 누군가로부터 받은 거라면 성의가 미안해서 쉽게 버릴 수 없다. 내 몸속으로 버린다며 꾸역꾸역 먹어 치울 때도 있지만, '내일 먹어야지', '다음엔 먹겠지' 하며 차일피일 미루다 결국에는 버리게 되는 순간이 더 많았다. 냉동실 속의 번데기를 먹지 않을 거라는 걸 알면서도 바로 버리지 못했던 건, 성에가 쌓여가도록 안 보이는 척 외면했던 건, 마치 나의 간절함을 버리는 것 같아서이기도 했다. 그저 미련이었을지라도.

엄마가 사 준 번데기를 버리며 하필 그 시절이 떠올라버렸다. 성에 옷을 잔뜩 입은 수의 번데기를 버린 것은 오래된 일이지만, 기억은 끝내 버려지지 못하고 마음속에 화석처럼 남았나 보다. 지금이야말로 흔적도 없이 지워버릴 때라고 생각한 그때, 저 멀리서 수가 보였다. 그녀의 손에 들려 온 마음이 보였다. 축난 몸을 보양하거나 말거나 모른 척 외면한다 해도 상관없었을 텐데. 자신의 경험에 비추어 대체할 것을 알려주는 일. 아무리 가까이에 살고 있다 해도 굳이 집까지 찾아와주는 수고로움. 수줍게 미소 짓던 얼굴까지. 나의 당황스러움과 서글픈 마음만 보느라 봉다리 속 번데기와 함께 담긴 마음을 제대로 보질 못했다. 번데기가 입은 성에 옷에는 내 미련뿐 아니라 수의 고마운 마음까지 켜켜이 쌓여 있었나 보다.

고마워. 고마웠어요.
이제야 고맙다는 말을 제대로 꺼낼 수 있을 것 같다. 저 깊은 곳에 있는지도 모르게 가라앉아 있던 마음이 신짜 화석이었구나. 어쩐지 수의 고마운 마음을 떠올리고 그 시절의 나와 제대로 작별하기 위해서라도 번데기를 새로 사 와 맛있게 먹어야 할 것 같지만, 굳이 그러고 싶진 않다. 여러 감정이 뒤섞여 네 맛도 내 맛도 아니게 될 것 같다. 그저 냉장고 안 식재료들 사이에 적당한 거리를 유지하듯 마음 안에서도 거리를 유지해야겠다. 그렇게 엄마의 번데기와 수의 번데기, 그리고 내 지난 시간이 정신없이 뒤섞이지 않도록 마음속 선반에 살뜰히 정돈해두기로.

엄마의 손맛
영란 씨의 비법 양념

　엄마의 음식 중 가장 좋아하는 것이 무엇인지 묻는다면, 대개는 어린 시절에 먹었던 음식 가운데 하나를 꼽는 경우가 많을 거다. 아마도 맛과 함께 그 시절의 추억이 담겨 있어서겠지.

　내가 기억하는 엄마의 음식은 주로 아버지를 위한 것들이었다. 아버지가 좋아하시던 추어탕, 아버지가 즐겨 드시던 양미리 조림, 발라 먹기 힘든 생선구이, 이따금 별미처럼 등장하던 김치 털레기(이건 아버지 취향은 아니었던 것 같기도 하고), 내가 싫어하던 콩밥 같은. 요즘 젊은 부부들이야 아이들을 위한 식단이 주가 된다거나 아이와 어른이 먹을 것을 따로 준비한다지만, 메뉴의 선택이나 음식의 간까지도 가장의 입맛이 중심이 되던 시절이었다. 물론 모든 집이 그랬다고 단정할 수는 없다. 다른 집 사정까지는 알 수 없었으니까.

　내가 좋아하는 엄마의 음식 가운데 손에 꼽는 것 중 하나는 바로 비빔국수다. 다만, 어린 시절의 기억이 빈약한 탓인지 그건 다 큰 성인이 된 이후의 기억일 뿐이다. 마치 과거에만 머물러 있는 게 아니라 현재 진행형처럼. 그때라고 엄마가 국수를 비비지 않았을 리 없을 텐데, 왜 그 기억은 남아 있지 않은 걸까.

 영란 씨와 함께 사우나에 갔던 날이었다. 온탕에 들어가 몸을 풀어준 후 온몸의 땀구멍이 다 열렸을 즈음 다시 긴장을 바짝 주듯 냉탕에 몸을 담갔다. 아프다고 느껴질 정도로 강력한 폭포 마사지를 마친 후 다시 또 따뜻한 물에 몸을 담그고 사소한 일상의 이야기를 나누던 중이었다.

 문득, 나의 영란 씨는 어떤 음식을 가장 좋아하실지 궁금해졌다. 커다란 카테고리로는 한식이라는 것 말고는 잘 모르겠다. 기름이 많다는 이유로 삼겹살을 싫어하지만 대패삼겹살은 얇아서 좋다며 또 잘 드신다. 소고기를 좋아는 하시지만 그렇다고 많이 드시진 못한다. 예전에는 오리고기를 꽤 좋아하셨으나 한 번 탈이 난 이후로는 입에 대지도 않는다는 걸 안다. 고기보다는 수산물을 선호하시는 편이다. 최근에는 운동 후 연어 초밥을 자주 드시는 것 같기는 하다. 하지만 그 무엇보다도 연어 초밥을 좋아하신다고 할 수 있는지까지는… 잘 모르겠고. 과연, 뭘까?

"나? 난 국수가 제일 맛있어. 내가 만든 비빔국수. 다른 데서는 그렇게 맛있는 국수를 먹어보지 못했어. 왜 웃어? 엄마거, 맛, 없어?"

목욕탕이 떠나가라 웃었다. 단전에서부터 올라온 웃음이 수증기를 타고 사방으로 퍼져 목욕탕 전체가 거대한 울림통이 되어버린 것만 같았다. 생각지도 못한 대답에 순간적으로 팡 터져버린 거라 내가 어떻게 손쓸 수 있는 웃음이 아니었다. 아, 정말. 사랑스러운 우리 영란 씨. 맞아. 우리 영란 씨 비빔국수는 정말 맛있지. 내가 먹기에도 다른 어느 국숫집보다 엄마의 비빔국수가 맛있으니까. 그런데 엄마도 당신의 비빔국수를 그렇게 가장 앞에 세울 거라는 생각은 미처 못 했네.

언젠가부터 가족 모임으로 친정에 가면 엄마는 밥상에 부추 무침을 빼놓지 않고 올리셨다. 이유는 간단하다. 오빠가 잘 먹으니까. 아들이 잘 먹는 부추 무침을 커다란 양푼에 가득 무쳐 상에 올리는 엄마. 어느 명절, 그날도 어김없이 식탁 위에 부추 무침이 올라와 있었다. 맛있게 먹던 올케언니가 집에서 만들어봤는데 이 맛이 잘 안 나더라며 양념은 어떻게 만드는 거냐고 여쭸다. 나도 이 맛을 생각하면서 몇 번 시도해봤지만 그때마다 실패했던지라 귀를 쫑긋 세우고 엄마의 대답을 기다렸다. 그 자리에 있는 누구도 알지 못했다. 언니의 그 질문이 열게 될 판도라의 상자를.

영란 씨 눈이 반짝인다.

"아이고, 그랬어? 맛이 잘 안 났어? 이 양념이 부추 무칠 때도 좋고 국수 비벼 먹을 때도 아주 딱이야. 토요일 알뜰장에서 사 온 건데, 이 양념에 매실을 조금 넣고 고춧가루를 넣고…."

가만, 뭐라고요? 알뜰장에서 사 오는 양념이라고? 아니, 그러니까 뭐야, 메이드 바이 영란 씨가 아니라는 말이잖아?

엄마가 한참 흥을 올리고 설명하고 계실 때, 마주 앉은 오빠와 눈이 마주쳤다. 아주 순간이라 자세히 보진 못했지만, 분명 오빠의 눈동자는 미세하게 흔들리고 있었다. 동시에 입도 조금 벌어진 것 같고. 옆에 앉아 엄마의 설명을 듣고 있는 언니도 다르지 않았을 거다. 내가 그랬던 것처럼 분명 저 둘도 시판 양념이 들어갔을 거라고는 추호도 생각해본 적이 없던 거겠지. 아니 부추 무침도 부추 무침이지만, 엄마의 비빔국수까지도 바로 이 양념이 베이스가 되는 거였다니. 마치 수제 디저트라고 알고 먹은 맛집의 디저트가 알고 보니 대기업의 제품을 사 온 거였다는 뉴스를 눈앞에서 보는 것만큼 충격적이었다. 놀란 우리는 안중에도 없이 양념에 대해 설명하는 엄마는 어쩐지 조금 신나 보였다. 그리고 그다음 가족 모임엔 올케언니와 내 몫의 양념이 한 통씩 준비되어 있었다.

그렇게 가져온 양념은 과연 내 집에서도 엄마가 무쳐준 것 같은 맛을 만들어줬을까? 안타깝게도 그러지는 못했다. 대기업 제품이라는 것에 놀랐지만, 그래도 이제는 집에서 엄마의 그 맛을 낼 수 있을 거라는 은근한 기대도 있었다. 친정에서나 먹을 수 있을 거라 여겼던 부추 무침과 엄마의 비빔국수를 내 집에서도 재현해낼 수 있을 줄 알았다. 하지만 같은 양념이라고 생각하지 못할 정도로 엄마 집에서 먹던 것과 같은 맛을 내지는 못했다. 엄마의 맛을 떠올리며 이것저것 추가할수록 어째 머릿속의 맛과 혀끝의 맛은 점점 더 멀어져갔다.

그제야 알았다. 진짜 비법은 대기업의 양념을 만들어낸 석박사님들이 아니라 엄마의 손끝에 있었다는 걸. 손맛이라는 게 괜한 말이 아니었다. 시판 양념이 기본이 되었을지언정 거기에 추가되는, 말로 들어서는 흉내 내기 힘든 엄마만의 레시피와 손맛이 진짜 숨은 비법이었다. 그러니까 엄마의 비법 양념은 대기업과 영란 씨의 기가 막힌 컬래버였던 셈인 것이다.

 일을 만들어서 한다는 말을 들을 정도로 살림을 요령 없이 해도, 적당한 타협은 하고 사는 나다. 디포리, 다시마, 대파 흰 뿌리, 양파 껍질까지 넣어 육수를 만들어 먹기도 하지만 가끔은(요즘은 오히려 자주) 코인 육수로 간단하게 먹기도 한다. 때로는 한 달에 하루이틀만 짧게 열리는 온라인 상점의 양념을 사기도 한다. 또, 소량의 고기를 양념해서 바로 먹는 걸 좋아해도 가끔은 양념된 대용량의 고기를 사다 소분해두기도 한다. 멀리 볼 필요도 없이 당장 나부터가 그러면서 왜 엄마에게는 나와 다른 기준을 세우려고 했던 걸까. 어째서 엄마라면 하나부터 열까지 다 손수 만드는 게 당연하다는 생각을 했던 거지? 이처럼 지독하고 고약한 편견이 또 있을까. 그날, 장에서 사 온 양념이라는 걸 알고 흔들렸던 동공은 어쩌면 엄마에겐 다른 형태의 폭력과도 같은 건 아니었을까. 때에 따라서는 시판 양념을 사다 먹을 수도 있고, 밀키트를 사 오거나, 배달 음식으로 먹을 수 있는 건데도 말이다.

아들이 좋아하는 부추 무침을 식탁 위에 내놓는 손길, 가족들이 모이는 날에 맞춰 양념을 사다 놓는 일. 며느리와 딸 몫으로 시판 양념을 한 통씩 내주면서 추가할 재료를 설명하며 기분 좋게 웃던 얼굴. 그게 다 자식을 생각하는 마음을 엄마만의 방법으로 표현하는 것이었을 텐데… 바보 같은 딸자식은 이렇게 또 너무 늦게 알았다.

그렇게 받아 온 양념으로 끝내 엄마의 비법을 똑같이 재현하지는 못했다. 대신 나만의 레시피를 더해 이제는 나만의 비법 양념으로 아주 유용하게 활용하고 있다. 엄마의 말처럼 국수를 비빌 때도, 부추를 무칠 때도, 이렇게도 저렇게도 아무지게 먹은 덕에 이제 얼마 남지 않았다. 얼마 전에 동네 마트에서 똑같은 양념을 보았다. 하지만 어쩐지 이 양념만큼은 엄마에게 부탁하고 싶다.

가만히 생각해보면, 어린 시절 먹던 엄마의 비빔국수가 떠오르지 않았던 건 그 기억이 빈약해서가 아닐지도 모르겠다. 어쩌면… 그땐 지금 엄마가 사용하는 시판 양념이 없어서가 아니었을까. 그렇다면 우리 영란 씨의 비법 양념이 탄생하기 전이니까 충분히 납득이 되는데?

꿀
오늘도 열심히 꿀 빨겠습니다

가을의 시작이었다.

그날은 나의 온라인 친구 ㄲ과 처음으로 만나는 날이었다. 난임 커뮤니티에서 알게 되어 힘든 시절을 함께 버텨온 전우이자 친구. 하지만 오랜 시간을 서로 얼굴도 모르는 채 오직 메시지로만 연락하던 사람. 커뮤니티의 닉네임 첫 글자를 따, 서로를 ㄲ과 ㄱ으로 불렀다. 만나기로 한 곳은 ㄲ의 SNS에서 종종 보아왔던 브런치 카페다. 약속 시간보다 일찍 도착해 커피를 주문했는데 주문한 커피가 나오기도 전에 ㄲ이 그곳으로 들어왔다. 얼굴도 모르고 만나본 적도 없지만, 한눈에 알 수 있었다. 문을 넘어 안으로 들어오는 사람이 오늘 내가 만날 사람이라는 걸. 그녀 역시 내가 ㄱ이라는 걸 알아보았는지 자연스럽게 내가 앉은 테이블의 의자를 빼고 앉았다. 마주 앉은 우리는 어색함을 숨기지도 못한 채 누가 먼저랄 것도 없이 그저 웃었다. 그 웃음 속에는 지난 시간의 버팀과 위로가 담겼고, 이윽고 온기와 표정이 더해졌다. 그 순간 가상의 ㄲ과

ㄱ은 사라지고, 현실에서 서로를 바라보는 ㅠ와 은(우리의 새로운 애칭)이 되었다.

호수공원을 산책했다. 느릿느릿 걸음을 옮기며 계절을 느끼다 잠시 앉을 곳을 찾았다. 호수를 둘러싼 산책길에는 달리거나 걷는 사람들이 있었다. 호수 건너로는 제초 작업이 한창이었다. 여기에서 거기로, 다시 여기로 시선을 옮기며 대화를 이어가던 중 가까이에 핀 꽃에 벌이 날아와 앉은 걸 보았다. 이 꽃에서 저 꽃으로 옮겨 다니는 벌을 보며 "꿀 빨고 있다"는 농담을 하다가 그만 아차 싶었다.
겉으로 봤을 때 벌이 꿀을 빨고 있는 게 맞기는 하다. 하지만 이 표현은 어떤 일을 유난히 쉽게 한다거나 무언가를 얻었을 때 쓰는 말이 아니던가. '꿀 빨고 있네' 또는 '개꿀'처럼. 여기서 말하는 '쉽게'란 능숙하다는 게 아니라 어느 정도의 요행이 가미된 편함 혹은 수월함일 것이다. 그러니 달디 단 꿀로 표현을 한 것이고. 그러나 지금, 바로 이 앞에서 꽃을 옮겨 다니는 벌에게 꿀을 빠는 일이란 그야말로 일생일대의 과업이 아닐까. 그런 모습을 보면서 과연 꿀 빨고 있다는 농담을 해도 되는 걸까. 꿀벌에게 '꿀을 빤다'는 것은 유희가 아니라 생존을 건 투쟁이다. 꿀벌, 즉 일벌의 생은 3에서 6개월 정도라고 한다. 그마저도 꽃이 만개한 후 여름 즈음이 되면 고작 45일가량일 뿐이라고. 그 얘기는 곧 노동의 강도가 셀수록 수명은 짧아진다는 뜻이기도 하다. 그렇다면 내 앞의 벌을 보며 꿀 빨고 있다는 농담을 하는 건, 그 노력을 너무 폄하하는 건 아닌가. 벌의 입장이라면 많이 억울할 수도 있겠는걸.

나의 어떤 최선이 누군가에게는 깃털보다 가벼운 것으로 보일지도 모르겠다. 누구에게나 자신만의 경험을 바탕으로 구축되어 있는 입장과 기준이라는 게 있는 거니까. 생각해보면, 나 역시 누군가의 치열함을 순전히 나의 기준만으로 수월하게 여겼던 적이 있었을지 모른다. 의도한 건 아니었다지만, 그래서 기억에도 없지만, 만에 하나라도 그런 순간이 없었기만을 바라지만.

지나온 어느 시간에 나와 ㅠ는 바로 저 별이었다. 우리는 엄마가 되고 싶었지만 끝내 엄마가 되지는 못했다. 되고 싶었던 마음이 간절했던 만큼 치열하게 지금을 갈아 넣으며 내일을 기대했다. 아이를 갖기 위해 최선을 다했다. 그러면서도 더 할 수 있는 무언가를 찾으려 했다. 다니던 직장을 그만두고, 남편이 경제활동을 전담하는 동안 우리는 병원에 다니며 아이를 만나기 위해 할 수 있는 모든 노력을 다했다. 누군가는 손만 잡고 자도 생긴다는 아이를 만나기란 어려웠다. 엄마가 되려는 일은 답장 없는 편지를 끊임없이 보내는 것 같았다. 하지만 그런 우리를 지켜보는 모두가 결과 없는 수고를 알 수는 없었다. 경제활동에 여념이 없는 남편의 그늘 아래서 평안한 생활을 한다고 여기는 이들도 적지 않았다. 실제로 내게 팔자가 좋다거나 세상 편해 보인다고 말하는 사람들도 있었으니까. 남편이 벌어오는 돈으로 평안한 삶을 영위하는 것처럼 보이니 소위 말하는 꿀 빠는 인생이라고 생각했을까. 사정을 알 수 없으니 쉽게 던질 수 있는 말과 생각들.

속상했다. 억울하기도 했다. 그렇다고 사람들을 붙잡고 사실은 그게 아니라고, 이만큼의 노력을 하고 있지만 안 되는 거라고 말할 수도 없었다. 하지만 자꾸만 그런 시선을 받다 보니 스스로 '나는 남편의 등골 브레이커인가…' 생각했다. 임신과 출산에 번번이 실패하니 급기야 '나는 잉여 인간이 아닐까'를 고민하던 순간들까지도. 최선을 다해 발버둥 쳐도 눈에 보이는 결과가 없으니, 모든 노력이 무의미하게 느껴지는 순간들을 수도 없이 마주해야 했다. 그런 시간들이 있었다.

이따금 남편에게 병원에 다니면서 호르몬을 때려 넣은 탓에 한정된 나의 수명을 끌어다 쓴 것 같다고 말한다. 얼마 전까지만 해도 그 말을 농담처럼 했는데 이제는 그 말 앞에 마냥 웃기만 할 수는 없다. 따로 검사를 받은 건 아니라 정확하게 갱년기라고 단정 짓기는 어려우나 요즘 나는 비슷한 증상을 겪고 있다. 손가락 마디가 아프기도 하고 속에서 번열이 나기도, 반대로 한기를 느끼기도 한다. 다행히 아직 수면 장애를 겪지는 않지만 어지러움은 조금 심해졌다.

수년 전, 선근증 수술을 하며 몇 개월 동안 항암 주사라고도 알려진 호르몬 주사를 맞았다. 덕분에 자궁과 난소는 회복의 시간을 갖게 되었으나 부작용으로 갱년기 여성에게서 나타날 수 있다는 온갖 증상에 힘들었다. 나이가 더 들면 자연스러운 호르몬의 변화로 지금 겪고 있는 것들을 또 겪어야 한다는 생각에 억울하기도 했다. 시간은 흘렀고 기어코 그때 경험했던 증상을 다시 겪고 있다. 누군가는 "벌써?"라고 말할 정도로 이상하리만큼 빠르게. 어떻게 이럴 수 있나 싶을 만큼 야속하게도. 난임 병원에서야 과배란 때문에 노화가 빨라지지는 않는다고 하지만, 내 몸이 그걸 말해주고 있는걸. 열에 아홉이 아니라 고작 하나일지라도 그 하나가 나라면 내겐 그게 전부가 된다.

어느덧 아침저녁의 일교차는 10℃ 이상으로 커졌다. 가을의 정점을 지나 겨울에 가까워지는 날이 되었다. 바싹 말라서 떨어진 낙엽이 무색하게도 한낮의 포근함 때문인지 새빨간 장미도, 사랑스러운 개망초도, 심지어 해당화도 꽃을 피웠다. 아침 산책길에선 이때를 놓칠세라 사력을 다해 꿀을 빠는 벌을 보았다. 이제는 그런 벌을 보며 꿀 빨고 있다는 말은 하지 않는다. 더는 그 말에 가벼운 농담을 싣지는 않는다. 농담은커녕 오히려 그 모습에서 숭고함마저 느낀다면 지나칠까.

다시 생각해보면 그때의 나와 뀨는 꿀을 빨고 있었던 게 맞다. 그저 요행으로 감나무 아래서 홍시가 떨어지기만을 바란 게 아니라, 이 꽃 저 꽃을 옮겨 다니는 벌처럼 최선을 다했으니까. 노력의 끝이 비록 원하는 결말로 이어지지는 못했을지라도 인생이라는 긴 여정에서는 그저 하나의 챕터였을 뿐이다. 그리고 지금은 또 한 마리의 벌이 되어 그때와는 다른 챕터 안에서 살아가고 있다. 혹여 누군가 이런 나를 보며 꿀 빨고 있다고 할지도 모르지만… 말해줘야지. 당장 눈에 보이는 결과가 없을지라도 최선을 다하고 있다고. 그렇게 나는 나의 꿀을 빨 테니, 당신은 당신만의 꿀을 빨라고.

오늘은 ㄲ이었던 뀨와 함께 나만 알고 싶었던 카페에 함께 갈 것이다. 치열하게 꿀을 빠는 날이 될지 그 가운데 잠시 쉬어가는 날이 될지는 모른다. 그저 오늘을 열심히 살아내고 난 후 조금 더 시간이 지나고 보면 선명해지겠지. 투명하게 존재했던 사람이 마침내 선명하게 다가온 것처럼.

늦가을이다. 꿀과 벌, 그리고 ㄲ이었던 뀨로 기억될 이 가을이 끝나가고 있다.

감
까치밥1

 가을이 시작되면 동네 마트에서 가장 많이 보이는 건 바로 감이다. 추석이 지나고 가을이 깊어갈 무렵 양가의 엄마들, 영란 씨와 성자 씨는 약속이나 한 것처럼 감을 주셨다. 며칠 전 나도 동네에서 감을 사다 놓았더니, 냉장고는 감 저장고가 되어버린 모양새다. 내가 사다 놓은 건 연시, 영란 씨는 단감, 성자 씨도 같은 단감이지만 지방에 있는 지인께서 보내주신 거라 마트의 단감과는 같은 듯 다르다. 우리 부부는 둘 다 감을 좋아한다. 나는 부드러운 연시를, 남편은 과육이 단단한 단감을 좋아한다. 감이 대량으로 유입된 상황이 당황스럽기는 했지만, 마냥 부담스럽지만은 않은 이유가 바로 여기에 있었다.
 어려서부터 감을 좋아했던 건 아니다. 떫은맛 때문에 꺼리는 쪽이었다. 그러던 어느 날, 시장 과일가게의 빨간색 소쿠리에 놓인 연시가 참 이쁘게 보였다. 이쁜 모양새에 홀린 듯이 샀다가 부드럽고 달콤한 맛에 그만 매료되었다. 그 후로 마트나 시장에 연시가 등장하는 것이 나에게는 가을이 시작되었다는 하나의 시그널이 되었다. 그런데, 무언가 이상했다. 생긴 건 똑같아 보이는데 어느 곳에서는 '연시'로 어느 곳에서는 '홍시'로 표기하는 것이 아닌가.

연시軟枾는 인위적으로 숙성 처리를 한 것을 말하고 홍시紅枾는 나무에 달린 상태에서 자연스레 익어 겉이 붉어진 것을 말한다고 한다. 현실적으로 나무에서 완전히 붉어질 때까지 기다렸다 온전한 모양으로 수확하기란 어렵다. 그런 이유로 흔히 시중에서 볼 수 있는 홍시는 덜 익어 떫은 감을 수확한 후 인위적인 후처리를 거쳐 유통하는 것이라고. 그렇다면 홍시보다는 연시라고 해야 하지 않을까.

그리고 떫은 감이 익으면 단감이 되는 줄로만 알았는데 알고 보니 떫은 감과 단감은 품종 자체가 다른 거였다. 떫은 감은 국내 품종이지만 단감은 일본 품종이다. 떫은맛이 느껴지는 건 수용성 타닌 때문이라고 한다. 감이 숙성되면 수용성 타닌이 불용성으로 변화하는데, 바로 이때 떫은맛보다 단맛이 더 강해진다. 단감보다 홍시나 곶감이 더 달게 느껴지는 이유가 바로 타닌의 변화 때문이라고. 자, 여러분은 이제 감 박사가 되셨습니다.

…라고 적었지만, 사실 뼛속까지 문과인 나는 수용성 타닌이나 불용성 타닌은 잘 모른다. 숙성되며 성질이 변화하는 과정이나 이유도 알지 못한다. 그러니 이해하기보다는 그냥 외우기로 하자. '떫은 감도 익으면 달아진다', '연시와 홍시의 차이는 이거다', '나는 부드러운 연시(홍시)를 좋아하고 남편은 단단한 단감을 좋아한다', '감은 부드러워도 단단해도 맛있다' 하고.

이따금 물과 견과류를 올려두던 거실 창 난간에 냉장고에 있던 감을 하나 꺼내놓았다. 혹여라도 오다가다 새들이 들러주기를 바라는 마음으로. 언제라도 와서 허탕 치는 일은 없기를 바라는 마음으로. 이후 어느 날 매끈한 감에 콕 찍힌 자국을 발견했다. 분명 새의 흔적이었다. 먹으려고 시도했다가 아직은 단단한 과육 때문에 먹지 못하고 그냥 돌아갔나 보다. 아이고 아쉬워라. 그 모습을 보지 못한 나도 아쉽고, 부리 자국만 남기고 돌아간 새도 분명 아쉬웠겠지. 일단은 기다려야 했다. 감을 내놓고 지켜보는 나도, 그걸 먹으려는 새도. 그로부터 또 며칠이 지난 어느 아침, 드디어 그날이 왔다.

언젠가 거실 창에 매달아놓은 화분 걸이에 새가 날아와 앉았다. 어련히 알아서 먹이 생활을 하겠냐만, 새들의 먹이 생활에 조금이나마 수월함을 선물하고 싶었다. 작은 접시에 쌀과 현미 등을 담아 내놓았다. 몇 마리가 날아와 앉아 관심을 갖는 것 같기는 한데… 곡식의 양이 통 줄어들지는 않았다. 전략을 바꿔 견과류를 작게 잘라 물과 함께 내놓았다. 곡식에는 별 관심을 보이지 않던 새들이 견과류에는 제법 관심을 보였다. 요 녀석들, 편식하기는. 내놓은 견과류를 먹고 가면 늘 어떤 흔적이 남아 있었다. 뭔지는 몰라도 씨앗 같았다. 사과 씨보다는 크고 얼추 대추 씨 정도의 크기인. 은혜 갚은 까치마냥 고마움의 뜻으로 씨앗을 물어다 주었다는 생각에 상기되었다.

"여보, 이거 봐. 새들이 씨앗을 물고 왔어!"

남편은 내 손바닥 위의 그것을 가만히 들여다보더니 말했다.

"그거 똥이야."

…. 이게 똥이라니. 씨앗이 아니라 똥이라니.

이 녀석들은 먹으면서 싸는 건지 어째 먹고 가면 늘 배설물의 흔적이 함께 있었다. 그렇게 몇 번 똥을 더 발견하고 견과류 그릇을 치웠다.

감이라고 다를까. 어느 손님인지는 몰라도 분명 먹은 흔적이 있었다. 역시나 밥값이라도 내듯 잊지 않고 똥도 싸놓고 갔다. 이제 나는 감이 아닌 똥을 치우고 있다. 재미있는 건 루피와 보아의 똥을 치우며 상태를 살피듯이 새들의 똥을 치우면서도 그런다는 거다. 가끔은 통깨(는 물론 아니겠지만)처럼 보이는 것들이 콕콕 박혀 있다. 어느 날은 비트처럼 붉은색이고 어느 날은 군고구마 껍질 색이다. 추운 계절에 뭐라도 잘 먹고 다니는 거 같으니 다행이고, 또 가끔은 귀엽기까지 하니… 이걸 어쩐담.

어제는 가까이에서 새소리가 들렸다. 고개를 돌려 창을 보니 난간에 새 한 마리가 날아와 앉았다. 아, 그토록 고대하던 순간이다. 혹여라도 루피와 보아가 새를 발견하고 짖을까 조심스러웠다. 조용히 핸드폰을 꺼내 영상을 찍었다. 한 입 한 입 참 맛있게도 먹는다. 다 먹고 앞에 있는 나무를 향해 지저귀더니 날아갔고, 잠시 후 바통 터치하듯 다른 새가 날아와 감을 먹었다. 가끔 이웃과 음식을 나누어 먹기는 하지만 이름도 모르는 새와 나누게 될 줄이야. 간지럽다. 자꾸만 웃음이 난다. 새로부터 선물을 받은 것 같다. 내놓은 감을 먹고 가는 것만으로도 내게 큰 기쁨인데 그 모습을 직접 목격하다니, 큰 행운을 만난 게 아닌가. 서둘러 냉장고에서 단감을 새로 꺼냈다. 부드러운 연시가 되기까지 시간이 필요할 테지만, 가장 따뜻한 곳에서 최대한 빠르게 숙성시켜야지.

 오늘도 환기를 하며 새들의 흔적을 살폈다. 부지런한 녀석들, 그사이 또 다녀갔구나. 어느덧 두 번째 감도 다 먹어간다. 내일 아침이 되면 말랑하게 잘 익은 새 감으로 바꿔줄게. 감은 언제라도 또 내놓을 테니 더 먹고 가렴. 와서 다 먹고 가렴.

시절인연
까치밥2

　새의 흔적이 보이질 않는다. 벌써 3일째다. 감은 부리 자국 하나 없이 내놓았던 그대로이고, 밥값처럼 남겨놓고 가던 배설물도 전혀 보이지 않는다. 혹시 내가 놓친 새의 흔적이 있을까 싶어 자꾸만 창을 열어 주위를 살피게 된다. 궁금함과 서운함, 그리고 걱정이 뒤엉켰다.

　아침 산책을 마치고 들어와 오트밀 죽을 만들어 식탁에 앉았다. 입으로 후후 불어 식힌 죽을 숟가락으로 떠 천천히 입에 넣을 때였다. 거실 창을 넘어 식탁까지 선명하게 들려오는 소리에 고개를 들어 밖을 내다보았다. 새다.
　한달음에 달려가 "어디서 뭘 하다가 이제 왔느냐"고 묻고 싶은 마음을 꾹 참는다. 반가운 마음에 앞서 창을 여는 순간 기겁하고 날아가버릴 테니까. 그렇게 날아가서 다시 돌아오지 않을 수도 있으니까. 그저 본다. 앉아서 주위를 살피며 감을 먹는 모습을, 소리를 내며 지저귀다 다시 날아가는 모습을. 숟가락을 손에 든 채 멍하니 바라만 보았다. 새가 사라진 뒤에야 창을 열었다. 감을 먹고 간 흔적과 배설물이 있었다. 하, 웃음이 샌다. 식탁으로 돌아와 먹다 만 죽을 다시 입에 넣어보지만 부드러운 죽이 잘 넘어가지 않는다. 나는 어쩌자고 새에게 마음을 주었을까.

스물두 살, 한 모임에서 한 살 위의 언니를 알게 되었다. 그 사람은 친절하고 재미있고 내게 무척 호의적이었다. 자매가 없는 내게 '언니'라는 존재는 가질 수 없는 신기루 같은 것이었다. 언니나 동생과 허구한 날 다투기만 한다고 해도 동성의 형제는 이성 형제와는 또 다른 단단한 끈이 있어 보였다. 그래서인지 나는 언니가 참 좋았고, 우리는 서로의 호의를 앞세워 빠르게 가까워졌다.

여느 때와 같이 평범했던 어느 날 언니가 내게 말했다. 날 너무 믿지 마. 그리고는 얼마 지나지 않아 홀연히 자취를 감추었다. 대체 내게 왜 그런 말을 하는 건지 이유도 묻지 못했다. 그 언니의 행방을 아는 사람은 아무도 없었다. 스물두 살에서 다시 스물두 살을 더 먹고 나서까지도 이따금 머릿속 틈을 비집고 그녀가 나타났다. 그럴 때마다 그저 내 잘못은 아니었을 거라며 나를 위로할 뿐 끝내 답을 찾지는 못했다. 그때부터였다. 누군가와 빠르게 가까워지는 걸 경계하게 된 것이. 정신 못 차리고 앞으로 달려가려는 마음을 애써 잡아끌어 주저앉히게 된 것이. 오지 않는 새를 기다리는 며칠 동안 나를 믿지 말라며 사라져버린 그녀가, 아니, 그녀의 말이 나를 다시 찾아와 콕콕 찔렀다.

관계라는 건 그렇다. 한결같이 쭉 계속되는 관계가 있는가 하면 뜨겁게 달아올랐다가 차갑게 식어버릴 수도 있다. 그걸 알면서도 식고 멀어지는 게 두려워 달아오르고 가까워지는 것에 주저하는 마음은 어쩐지 조금 서글프다. 돌이켜보면 식은 쪽이 나였던 적이 없던 것도 아니면서.

　불교 용어 가운데 시절인연時節因緣이라는 말이 있다지. 사랑하는 사람을 만나는 때, 헤어지는 때, 새로운 일을 시작하는 때가 있듯, 모든 인연에는 오고 가는 적절한 때가 있다고. 그건 자연의 섭리와도 같아 시작과 끝을 억지로 이어붙이거나 끊어낼 수 없는 거라고. 그 언니와의 관계는 그렇게 연이 다한 것이었을 뿐이고, 지금 날마다 나를 찾아오는 새와의 인연은 아직 이어지고 있는 것이다. 이후의 걱정은 접어두고서 지금에 충실하면 되지 않을까. 영원할 수는 없을 이 인연이 기어코 끝을 보이는 순간, 그게 비록 서서히 멀어짐이 아니라 갑작스러운 단절일지라도 말이다. 그때 어떤 감정을 마주하게 될지 알 수는 없지만 미리 걱정부터 하지는 않기로. 어떤 감정이라도 그때 감당해도 늦지 않을 테니까. 더구나 까치밥이라는 건 추운 겨울의 먹이 생활을 돕는 것이니 따뜻한 봄이 되어서까지 계속할 수는 없는 노릇이기도 하다. 그렇다면, 떠나가는 쪽은 새가 아니라 오히려 내가 될 수도 있는 거니까. 이렇게 생각하고 나니 복잡했던 마음이 한결 가벼워진 것 같다. 누군가는 고작 새에게 이런 마음을 갖느냐 할지도 모르겠다. 그러나 고작 새여도. 아니, 누구라도, 혹은 무엇이라도 마음이 닿는 대상에 고작이라고 할 수는 없다.

내 집에 찾아오는 새 손님에 대해 알아보기로 했다. 똑같은 울음소리를 여름에도 들었으니 철새는 아닐 테고, 동네에서 머무는 텃새 중에 어떤 새가 있는지를 찾아보았다. 어렵지 않게 답을 찾을 수 있었다. 눈에서 볼로 이어지는 깃털이 마치 볼터치를 한 것처럼 적갈색을 띠고, 비둘기보다는 작지만 참새보다는 큰 새. 꽉 닫힌 이중창을 넘어 자신의 존재감을 알릴 정도로 큰 목소리를 가진 새. 직박구리였다. 컴퓨터 폴더의 그 직박구리. 녀석들은 알고 있을까. 어쩐지 눈을 게슴츠레 뜨게 만드는 폴더 이름의 주인공이라는 사실을. 그리고 보니 한 번도 궁금했던 적이 없는데, 대체 왜 새롭게 만드는 폴더 이름의 기본값은 새 이름인 걸까. 지금도 혹시 다른 이름이 나올까 궁금해 여섯 개의 새 폴더를 만들어봤는데 뻐꾸기, 조롱이, 거위, 갈매기, 발구지, 할미새사촌 등의 새 이름이다. '새(new)' 폴더를 '새(bird)' 폴더로 만드는 일종의 유희일까. 아니면 그만큼 새의 종류가 다양해 새로 생성되는 폴더가 몇 개더라도 부담 없이 사용할 수 있어서일까. 이유가 뭐라도 덕분에 더욱 친근하게 느껴지는 건 분명하다. 이래서 관계의 시작을 통성명부터라고 하는가 보다.

밀밭이 황금 물결을 이룰 때 어린 왕자를 기억하게 될 거라던 여우처럼, 단단했던 감이 말랑해질 때 나는 새를 기억하게 될 것 같다. 길을 걷다 요란한 직박구리의 울음소리를 들을 때마다 창가에 날아와 앉아 감을 먹는 지금의 직박구리가 떠오르겠지.

 두꺼운 이중 창을 넘어 내 방까지 새의 소리가 들려온다. 일어나 다음에 내놓을 감을 살핀다. 편히 먹을 만큼 말랑해졌는지 한 번 더 만져본다.

귤
콧노래

독감이 유행이다. 한 해의 끝과 시작을 부부가 동시에 A형 독감과 함께하고 있다. 이렇게 유행에 민감한 사람이 아닌데, 겨울이 시작되기 전에 예방주사를 맞았더라면 피해갈 수 있었을까. 다행히 증상이 심해지기 전 병원에 다녀온 덕인지 걱정했던 것보다 심하게 앓지는 않았지만 아직 몸은 무겁고 목이 불편하다. 숨을 깊게 들이마시는 게 조금 버겁기도 하다. 목이 잠길 때는 사탕 형태의 약을 입에 물고 있는 것도 도움이 되는데, 그렇다고 약을 계속 물고 있을 수는 없다. 대신 귤을 하나씩 떼어 먹는 게 의외로 큰 도움이 되었다.

추운 겨울 뜨끈한 이불 속에서 손이 노랗게 되도록 귤을 까먹는 행복을 이야기하는 사람들을 보았다. 나도 귤을 좋아하지만 앉은 자리에서 서너 개를 까먹어도 배만 불러올 뿐 손끝은 노래지지 않던데. 손이 노래지려면 도대체 얼마나 먹어야 하는 걸까.

냉장고에서 귤을 몇 개 꺼내 식탁 위에 올려두고 너무 차갑지 않은 상태로 먹는 걸 좋아한다. 그렇게 하나씩 하나씩 먹다 보니 사다 놓은 귤은 진작 동이 나버렸다. 밖에 나갈 엄두가 나지 않아 자기 전에 주문해서 새벽에 받았고, 그렇게 받은 귤도 어느덧 바닥을 보이고 말았다. 한 번 더 빠르게 배송되는 온라인 주문을 해볼까 하다가 바람도 쐴 겸 동네 마트로 향했다.

 딱 귤만 살 요량으로 장바구니도 없이 간 마트에서 큰 귤과 작은 귤을 앞에 두고 고민했다. 둘 다 2.3킬로그램에 9,800원으로 가격도 같았다. 먼저 작은 귤을 들고 계산대로 가 줄까지 섰다가 다시 돌아가서 큰 귤로 바꿔 들었다. 큰 귤보다 작은 귤이 과육은 더 탱글하고 맛도 더 새콤달콤하지만 껍질을 벗기는 건 큰 귤이 조금이나마 수월하다. 이번만큼은 식감이나 맛보다는 먹고 싶은 순간에 휙휙 껍질을 벗겨 빠르게 입에 넣고 싶었다. 감기와 귀찮음이 만났으니 맛보다는 수월함을 선택할 수밖에. 그렇다면 큰 귤이지.

실외 배변만 하는 루피 때문에 아픈 와중에도 하루에 세 번씩은 짧게나마 산책을 해왔다. 그래도 이렇게 강아지들 없이 혼자서 나온 건 며칠 만에 처음이었다. 그래서일까. 고작 귤을 사러 나온 이 짧은 시간이 퍽 즐겁다. 제법 상쾌하기도 하다. 주말 내내 식구들과 함께 뒹구는 것도 분명 행복하지만, 오롯이 혼자가 되는 월요일 오전이 한 주 중 가장 좋다던 친구의 기분이 바로 이런 것일까. 아무리 좋은 관계여도 적당한 거리는 필요한 거니까. 함께하는 시간이 행복하려면, 혼자 있는 시간도 소중히 여겨져야 한다는 걸 새삼 느낀다. 콧노래까지 흥얼거리다 문득, 종량제 봉투가 다 떨어졌다는 게 떠올랐다. 아파트 정문 앞 편의점에서도 종량제 봉투를 팔고 있다는 게 생각나 방향을 바꾸었다. 5리터 종량제 봉투 열 장 한 묶음을 구매했다. 영수증을 주시는 사장님께 귤 두 개를 꺼내 건네드렸다.

"귤 드세요."

귤을 받는 사장님도, 건네는 나도 함께 웃었다. 편의점 문을 열고 나서는 순간, 며칠 전 세탁소에 맡긴 남편의 바지가 세탁 완료되었다는 메시지를 받았던 게 떠올랐다. 세탁소는 저기 후문 쪽인데. 돌아가더라도 찾아서 갈까, 아니면 다음으로 미룰까. 아주 잠깐 고민하다 이대로 집에 가면 다시 또 며칠을 보낼 것 같아 세탁소로 향했다. 생각보다 귀찮지 않았다. 가벼웠던 발걸음이 딱히 무거워지지도 않았다. 다시 또 콧노래를 흥얼거렸던 것 같기도 하고.

띠리링. 종소리와 함께 문을 열고 들어갔다. 사장님이 옷을 꺼내는 사이 귤을 두 개 꺼냈다.

"사장님, 귤 드세요."

귤을 보자 빙그레 웃으시는 사장님의 얼굴에 나도 덩달아 웃었다. 세탁소 문을 열고 나오면서 또 한 번의 띠리링, 유난히 경쾌한 종소리에 씽긋, 자꾸만 웃음이 삐져나온다. 주머니에는 돌돌 말린 종량제 봉투를, 한 손에는 세탁된 바지를, 또 다른 손엔 귤을 들고 집까지 오는 길은 가느다란 콧노래가 함께 했다.

코는 훌쩍거리고 목소리는 잠기고 몸은 무겁게 느껴졌을지언정 발걸음만큼은 가벼웠던 이유. 단순히 며칠 만에 가진 혼자만의 외출이어서만은 아니었다. 이건 분명 귤 때문이다. 처음부터 의도한 건 아니었지만 귤과 함께 주고받은 약간의 다정함 때문이다.

마음의 추를 영점에서 움직이게 하는 건 아주 사소한 순간들이다. 그 순간은 외부에서 오기도 하고 내 안에서 발현되기도 한다. 이왕이면 내 쪽에서 먼저 시작해보는 게 추를 움직이기에는 더 빠르고 확실한 방법이겠지. 귤 두 개에 마음을 담아 보내고, 보낸 마음의 회신을 웃음으로 받았던 순간들. 가벼워진 발걸음과 콧노래가 바로 그 증거가 아니었을까.

집으로 돌아와 그새를 못 참고 어디 다녀왔느냐며 한참을 짖는 나의 강아지들에게 보고하듯 이야기를 한다. 귤을 샀고 오는 길에 편의점과 세탁소 사장님께 조금씩 나눠 드렸다고. 알아듣는 건지 아닌 건지 고개를 갸웃거리며 나를 보는 루피와 보아의 모습이 사랑스러워 두 녀석을 동시에 끌어안았다.

귤을 하나 꺼내 휙휙 껍질을 벗긴다. 작은 조각 하나를 떼어 내 입에 넣었다. 달다. 달콤함까지는 기대하지 않았는데 횡재한 기분이다. 손끝이 노래질 정도는 아니지만 이렇게 귤을 많이, 맛있게 먹었던 겨울이 또 있었을까. 이 귤을 다 먹을 즈음이면, 어쩐지 지긋지긋한 독감과도 작별할 수 있을 것 같다. 아, 참 달다.

커피
달콤 쌉싸름한 당신의 닉네임

 아침부터 남의 동네 스타벅스로 외근을 나왔다. 평소 같으면 주로 집 앞 스타벅스나 커다란 창이 있는 개인 카페로 가지만, 가끔은 이렇게 전혀 다른 동네로 올 때도 있다. 낯선 듯 낯설지 않은 기분을 느낄 수 있다는 것이 대형 프랜차이즈 카페의 가장 큰 장점이다. 더구나 잠자코 앉아 내 일을 하고 있다면 누구도 나를 신경 쓰지 않기에, 공간 속에서 하나의 작은 섬처럼 존재할 수 있다. 오늘은 영등포구의 어느 사무실 밀집 지역. 이미 한차례 폭풍이 지나간 이후다. 수많은 사람이 다녀간 뒤인지라 매장 안은 커피 향으로 가득 찼다. 덕분에 코가 호강하고 있다.

 출근하는 직장인들이 커피를 주문하고 받아 가기를 수차례. 그 와중에 어떤 손님은 사이렌 오더로 열다섯 잔을 테이크 아웃으로 주문하면서 매장 컵으로 선택을 잘못해 직원들에게 혼란을 주기도 했다.

 이곳은 매장 규모가 작은 편이라 사람 구경하는 재미도 쏠

쏠하다. 직원들이 음료를 내놓으며 큰 소리로 부르는 닉네임을 듣는 재미, 짧게나마 손님들과 소통하는 모습을 지켜보는 재미. 그런 이유로 이 시간 이곳에서는 무선 이어폰의 노이즈 캔슬링을 사용하지 않는다. 이어폰을 아예 가방에서 꺼내지 않을 때도 있다.

언젠가 이 자리에서 '파파 스머프'를 만났다. 귀여운 닉네임과 예상 밖의 외모가 내 시선을 사로잡았다. 편견일지 몰라도, 내게 스머프란 작고 귀여운 이미지로 연결된다. 그러나 음료를 받은 사람은 이미 중년에 접어들어 나보다 적어도 예닐곱 살은 많아 보이는 체격 좋은 남성이었다. 추측해보자면, 그는 '파파'라는 단어에서 중년의 자신과 접점을 찾았을지 모른다. 그와 달리 나는 '귀여움'이라는 느낌에 반응했던 것일지도. 겉모습만으로는 알아챌 수 없는 그만의 귀여움이나 유머러스함이 내재된 인물일 수 있다는 생각과 함께, 나는 결코 알 수 없고 알 필요도 없는 그의 일상 속 예외적인 부분을 상상하기도 했다. 끝까지 '파파'는 저만치 미뤄두고서.

한때, 인생 영화라고 할 수 있는 ⟨Everything Everywhere All At Once⟩에 한창 빠져 있었다. 사전에 어떤 정보도 없이 보게 되었는데, 엔딩 크레디트가 올라갈 때는 벅찬 감정을 느끼기도 했다. 마음으로 세상을 볼 수 있기를 바라게 되었고, 생각하지도 못한 의외성과 발상의 전환에서 에너지가 폭발할 수 있다는 걸 알게 되었다. 그 에너지는 기폭제가 되어 각기 다른 멀티버스에서의 다양한 나를 소환한다. 그건 '내가 아닌 나'가 아니라 '내 안에 살고 있는 수많은 나 자신'이었다. 내 속엔 내가 너무나 많다던 노래 가사처럼. 더불어 나에게는 물론 모두에게 다정하기가 삶을 더 나은 방향으로 살아갈 수 있도록 만들어준다는 걸 깨닫기도 했다. 영화에서 만난 멀티버스 속의 각기 다른 애블린(주인공)처럼, 어쩌면 그 시간에 만난 파파 스머프도 그의 수많은 우주 중 하나가 아닐까. 카페의 문을 열고 들어온 순간 문밖의 그와는 또 다른 자아가 된다. 이를테면 '스타벅스라는 멀티버스 속의 파파 스머프'처럼.

나는 나의 멀티버스 속 각기 다른 나를 얼마나 불러내 살아가고 있을까. 지금은 글 쓰는 나로, 집으로 돌아가면 집안일을 하는 주부로서의 나로, 그리고 강아지들을 돌보는 개 엄마의 나로. 결국은 모두가 나다. 그러니까 어느 순간에 어느 포지션에서 어떤 모습으로 있더라도 나에게 다정하기를. 그리고 너에게 다정하기를.

그날의 파파 스머프처럼 오늘도 내 귀와 눈을 이끌었던 닉네임이 하나 있었는데 바로 '출근이 퇴근'이었다. 듣는 순간 나도 모르게 고개를 들어 사람들 속에서 닉네임의 주인공을 찾았다. 외투에 달린 모자를 뒤집어 쓴 그녀가 주문한 음료는 무지방 우유로 만든 따뜻한 카페라테였다. 비록 커피 한 잔일지언정 그녀에게는 퇴근하고픈 마음을 누르고 출근하는 힘을 주는 연료가 될 수 있겠지. 커피를 받아 들고 돌아선 그녀에게 주머니 속 핫팩을 꺼내주고 싶은 마음을 애써 눌렀다. '어머, 이 아줌마 왜 이래?' 하고 놀라며 들고 있던 커피를 떨어뜨리면 어떡해. 혼자서 상상해보다 괜한 걱정에 머쓱해져 웃음이 났다.

오래전 직장에 다닐 때, 나도 출근을 하면서 퇴근을 꿈꿨다. 출근이 다 뭐야. 눈을 뜨기도 전부터 다시 저녁이 되기를 바라던 날도 많았다. 무거운 마음을 질질 끌고 들어간 사무실. 하루의 일과를 시작하기 전 아직 바깥의 공기를 털어내지도 못한 채 종이컵에 믹스커피를 탔다. 작은 종이컵 하나에 노란색 맥심 모카골드 두 개를 뜯어 넣고 물을 넉넉하게 부어 휘휘 젓다 보면 무거운 마음도 커피와 함께 녹는 것 같았다. 그렇게 녹인 마음까지 함께 마시고 나면 어떻게든 하루를 이어나갈 수 있었다. 믹스커피에는 카페인과 당뿐 아니라, 마음속 깊은 곳을 부드럽게 만져주는 위로와 지지까지도 섞여 있었던 걸까.

카페인에 약한 사람이 된 지금과는 달리, 그때는 하루에 몇 잔이고 마셔도 거뜬했다. 출근해서, 점심 먹고, 퇴근 후에도. 뇌과학자 정재승 박사님이 한 방송에서 우리 사회는 커피를 마시지 않으면 하루를 보낼 수 없을 정도로 피로한 사회라고 말씀하셨다. 그 대표적인 사례가 바로 나였달까.

지금은 원두커피를 즐기지만 가끔은 그때처럼 집에서 종이컵에 믹스커피를 넣고 물을 붓는다. 스산하고 건조한 바람이 불어오는 날. 어쩐지 말랑한 기분이 드는 날. 아무 이유 없이 단 커피가 생각나는 날. 그렇게 가끔 믹스커피가 당기는 날이 있다. 예전엔 무거운 마음을 녹여 함께 마셨다면, 지금은 닿지 못한 그리움도, 오래 맴돌며 어디엔가 걸려 있던 감정도, 차마 밖으로 꺼내놓지 못한 마음까지도 함께 담는다. 믹스커피가 주는 특유의 텁텁함은 나중 일. 마시는 동안만큼은 분명 채워지는 무언가가 있다.

문득, 알지도 못하는 '출근이 퇴근'의 오늘을 응원하고 싶다.

그녀의 닉네임이 내 마음을 잡아끈 건, 그 말이 곧 오래전 나의 언어였기 때문이기도 해서다. 따뜻한 무지방 우유와 은은한 커피가 하루의 시작에 잠시나마 미소를 선물해주었기를. 최소한의 숨 쉴 구멍은 되어주었기를. 고카페인이 필요할 만큼 피곤한 게 아니기를 바란다. 오늘은 점심도 맛있는 걸로 먹기를 바라고, 사다리를 타더라도 행운이 함께 하기를. 상사들에게 싫은 소리를 덜 듣고 누군가에게 아쉬운 소리도 덜 했으면 한다. 퇴근 후엔 즐거운 약속이 기다리고 있기를. 그리고 순간순간 곁의 누군가에게, 아니 누구보다 그녀 자신에게, 그녀 안의 또 다른 무수한 '나'에게 투명하고도 확실한 다정함을 전할 수 있기를. 다정한 눈길을 나누고 다정한 말 한마디를 건넬 수 있기를. 그런 하루를 마무리하고 잠자리에 들면서는 피곤은 하더라도 오늘 하루 참 잘 보냈다는 생각을 할 수 있기를, 주머니 속 핫팩을 꽉 쥐며 감히 기원해본다. 퇴근을 꿈꾸며 출근하던 지난 시간의 내게 이런 응원이 있었더라면. 적어도 하루에 한 잔 정도는 커피를 덜 찾지 않았을까. 그러니 이 응원은 오늘의 그녀에게, 동시에 그 시절의 나에게 건네는 마음이다.

사진
술과 결혼식과 아버지

　사진 폴더를 연다는 건 무척 위험한 일이다. 사진은 마치 지난 어느 시간과 연결되는 하이퍼링크처럼 방심할 틈도 없이 그 시간을 마구잡이로 끄집어낸다. 밀려오는 추억 속에 빠져 있다 보면 한두 시간은 훌쩍 지나버린다. 애초에 찾으려던 사진은 까맣게 잊은 채 전혀 다른 사진을 보며 웃고 있는 나를 볼 수 있다. 어느 날, 별안간 보고 싶은 사진이 떠올라 폴더를 열었다가 끝내 전혀 상관없는 내 결혼식 폴더까지 열게 되었다.
　폴더 안에는 또 다른 폴더들이 숨어 있었다. 예식장에서 찍어준 사진을 담은 폴더를 비롯해 승, 오, 엄의 폴더와 내 카메라를 들고 있던 송의 폴더 등으로. 하나하나 열어 사진을 보고 있자니 그날의 정신없던 분위기가 고스란히 전해지는 듯했다. 여러 렌즈를 통해 그날 내가 미처 보지 못했던 장면들이 담겨 있었다. 특히 사람들. 서로 전혀 알지 못하는 이들이 한 프레임에 함께 있었다. 왔는지도 몰랐던 직장 동료도 보이고 그 시절에는 가까웠지만 이제는 연이 다한 사람이 웃고 있다.

어느덧 성인이 되어버린 조카들의 솜털 보송한 어린이 시절이 있고, 내 부케를 받은 친구 엄이 그녀의 '전' 연인과 다정하게 앉아 있다. 그리고 아버지. 아버지의 사진이 거기에 있었다.

결혼식엔 여러 이벤트가 있었다. 시를 쓰는 친구가 직접 쓴 축시를 낭독해주었고, 남자친구였다가 이제 막 남편이 되어가는 훈의 축가가 있었으며, 축가에 맞춰 친구들이 한 명씩 나와 꽃을 주기도 했다. 잊지 못할 가장 큰 이벤트는 본식이 시작되기 직전이었다. 양가 어머니들이 서 있었고, 그 뒤로 신랑이 될 훈이, 그리고 그 뒤로는 나와 아버지가 서 있었다. 어머니들의 입장이 시작되기 직전, 내 곁에 서 있던 아버지가 쓰러졌다.

금단 때문이었다. 30년이 넘도록 함께 살면서 아버지가 술을 마시지 않는 날을 과연 얼마나 보았을까. 평생 밥보다 술을 많이 드신 아버지다. 맨정신일 때보다 술에 취한 모습이 더 익숙했다. 술을 마시지 않은 날에도 아버지가 내뱉은 숨 끝에서는 어쩐지 술 냄새가 묻어나는 것 같았다. 아버지는 숙취에 시달리는 모습을 보이지 않았다. 숙취란 무엇인가. 술을 마신 이튿날까지 깨지 않는 취기이며, 그로 인해 겪게 되는 불쾌하고 불편한 신체 증상을 말하는 게 아닌가. 그러나 아버지는 인사불성이 되도록 술을 마셨다 해도 다음 날이면 멀쩡하게 일어나 당신의 새로운 하루를 시작했다. 그리고 저녁이면 다시 술 냄새와 함께 집으로 돌아왔다. 이따금 현관 너머의 발소리만으로도 술 냄새가 느껴질 때면 어린 시절의 나는 조용히 이불 속으로 들어가 자는 척을 하기도 했다. 길에서 마주치는 모르는 아이도 그렇게 예뻐 오래도록 눈에 담고 싶던데, 하루가 멀다 하고 술에 취한 아버지의 눈에 나는 얼마나 담겼을까.

  그런 아버지가 딸의 결혼식을 앞두고 술을 마시지 않았다. 딸의 결혼에 간섭도 하지 않고 관심도 갖지 않았다. 금전적인 지원을 해줄 수 없었으니 간섭이건 관심이건 어느 쪽도 보태지 않겠다는 다짐이었을 것이다. 결혼식에서만큼은 술 냄새를 풍기지 않는 것이 아버지가 생각한 최선이었을 거라는 것도. 몇 달도 몇 주도 아닌 고작 며칠이었을 뿐이라도 말이다. 그 며칠의 결과로 딸의 손을 잡고 입장하기 직전 쓰러지게 된 거다.

쓰러진 아버지가 걱정되면서도 하필 이 타이밍이라는 게 원망스러웠다. 나도 훈도 이 결혼식은 시작도 못 하고 이렇게 끝이라고 생각했다. 모두가 우왕좌왕하는 사이 엄마는 신부 대기실로 아버지를 옮기라고 했다. 정신을 차려보니 어느 순간 오빠가 내 옆으로 와 섰다. 오빠는 "울지 마, 괜찮아…"라고 말했다. 내가 울고 있다는 걸 그제야 알았다. 그 사이 훈의 친구와 사촌오빠가 아버지를 신부 대기실로 옮겼다. 나는 아버지 대신 오빠의 손을 잡고 입장했다.

고작 5분, 길어야 7분이었다. 아버지가 쓰러지기 직전 찍힌 사진과 양가 어머니들이 화촉에 불을 붙이는 사진 사이의 시간은 고작 그 정도였을 뿐이다. 결혼식이 진행되는 동안 아버지는 출동한 구급대에 의해 병원으로 옮겨졌다. 혼란스러운 상황과 불안한 마음을 숨기고 아무 일도 없었던 것처럼, 결혼식은 진행되었다.

나는 이미 반쯤 넋이 나가버렸고 참아낼 틈도 없이 눈물을 흘렸다. 서둘러 화장을 고치고 오빠의 손을 잡고 입장했지만, 그 모습을 정면에서 찍은 사진에서까지는 불안한 감정을 숨기지 못하고 있었으니. 괜찮다며 나를 다독이고 내 손을 잡고 입장한 오빠조차도. 당연한 일이다. 그러니 그날의 기억이 온전할 수 있었을까. 그날의 사진을 다시 보고 싶었을까.

그날의 사진을 보고 있자니, 내 기억의 주인이 온전히 내가 아니라는 걸 깨달았다. 아버지를 신부 대기실로 옮기라고 했던 엄마도, 훈의 친구와 사촌오빠가 아버지를 옮겼다는 것도, 119를 불렀다는 것도 다 나중에 들어서 새겨진 기억이었다.

오빠는 말한다. 우리의 취권 도사에게 당일 오전에 술을 드렸어야 했다고. 엄마도 같은 말을 한다. 차라리 그날 오전에 쓰러지셨을 때 술을 한 잔 드릴걸 그랬다고. 그렇다. 아버지는 그날 오전 이미 한 번 쓰러지셨었다. 그러니 설마 또 쓰러지진 않으실 거라는 생각을 했던 거지. 아버지 당신도, 나도, 가족 모두. 그런데 말이야. 만약 그날 아버지가 오전에 쓰러진 이후 술을 한 잔 마셨다면 결혼식장엔 가지도 못했을걸. 시작하면 끝을 모르는 사람이었으니까. 아니, 기어코 술잔을 들고 있는 자신을 원망하면서 한 잔 또 한 잔… 그렇게 끝도 없이 술이 술을 부르다 결국 결혼식을 위해 집을 나서는 딸을 보지도 못하고 술에 취하고 잠에 취했을걸.

가끔 상상해본다. 신부 입장을 무사히 하고서 기나긴 예식이 진행되던 중 혼주석에 앉아 있다가 쓰러지는 아버지를. 옆에 앉은 분홍 한복의 엄마부터 시작해 뒷줄의 오빠, 그리고 가까운 자리의 일가친척, 하객들이 우르르 몰려드는 상황을. 등지고 서 있던 내가 눈물범벅으로 단상에서 달려 내려가는 모습을. 시작만 있고 끝은 없었을 결혼식을. 아수라장이 되어버렸을지도 모를 그 상황이 벌어지지 않아 얼마나 다행인지를 상상해보면, 아버지가 입장 전 쓰러진 건 오히려 럭키비키인지도 모르겠다는 결론에 이르게 된다. 적어도 최악의 최악은 아니었으니까.

사진은 내게 해결되지 않을 궁금증을 주었다. 아버지와는 그날 이후 한 번도 그 사건과 관련한 이야기를 나눈 적이 없었다. 그러니 원망의 말도 걱정의 말도 사과의 말도 없었다. 그날, 병원에서 정신을 차린 아버지는 무슨 생각을 했을까. 분명 딸과 함께 서 있었는데 눈을 떠보니 병원이었다면, 어떤 마음이 들었을까. 나는 조금 화가 나고 원망스러웠는데 아버지는 어땠을까. 수치스러웠을까. 부끄러웠을까. 괴로웠을까. 슬펐을까. 눈물이 났을까. 한숨을 쉬었을까. 혹여 나에게 미안했을까…. 나는 알 수가 없다. 묻는다고 답을 해줄 분도 아니지만, 더는 물을 수도 답을 들을 수도 없다. 비록 기대했던 결말에 이르지 못하고 전혀 예상하지 못한 상황으로 전개되었다 해도 며칠이나마 술을 입에 대지 않았던 마음과 노력은 진심이었을 거다. 누구보다 속상했을 사람은 아버지일 거라고, 해결되지 않을 궁금증에 아쉬움을 남기기보다는 그저 운이 없었을 뿐이라고 생각하기로. 그렇게 내 방식대로 그 시간을 풀어본다.

결혼식에서 찍힌 아버지 사진을 다시 들여다보았다. 사진이라는 건 참 오묘하다. 그 안에는 눈에 보이는 찰나의 순간이 담길 뿐이지만 사실적인 순간 너머로는 지극히 사실적이지 못한 분위기, 그리움, 애잔함 그리고 말로는 다 형용할 수 없는 감정들이 함께 따라오곤 한다. 그것들은 형체를 갖지 않아서 마주하는 순간 나의 기분에 따라 조금씩 옷을 달리 입고 다른 이름을 갖는다. 재미있는 건, 아니, 감사한 건 그렇게 다양하고 제각각인 옷과 이름이 날카롭지는 않다는 거다. 슬픔이 있을지언정 분노는 없다. 사진 속 아버지의 모습은 무표정이었지만, 왠지 부드럽고 자연스러워 보였다. 다음에 아버지를 만나러 봉안당에 갈 때, 이 사진을 가져가 넣어둬야지. 답은 듣지 못하더라도 그렇게 내 방식대로 아버지에게 손을 내밀어봐야지.

3부
식탁 위의 다리

물리적인 식사 공간을 넘어,
식탁은 관계를 잇고 마음을 나누는 자리이기도 하다.
함께 밥을 먹고 이야기를 나누는 시간,
우리는 서로에게 한결 더 가까워진다.

프라이팬 카스텔라

 음식과 관련된 이야기를 써봐야겠다고 마음먹고, 어린 시절을 추억할 만한 음식을 떠올리려 시간을 거슬러 가보았다. 이렇게 생각하고 저렇게 생각해봐도 기분 좋게 떠오르는 음식이 없어 아쉬워하던 어느 밤, 산책을 하던 중 남편에게 물었다. 나와 달리 그에겐 아버지와 다정한 추억을 함께한 음식이 있음을 알고 있었기 때문이다. 어린 시절 설탕을 듬뿍 뿌려 먹던 토마토, 엄마가 없는 일요일의 짜장면처럼… 추억의 음식 아버지 편 말고 어머니가 해주셨던 음식이 있는지, 있다면 어떤 게 가장 기억에 남는지 물었다. 그는 마치 이미 질문을 기다리고 있던 사람처럼 조금의 망설임도 없이 대답했다.

 "빵. 프라이팬에 만든 계란빵."

 프라이팬으로 만든 빵은 이미 들은 적이 있었다. 어느 주말 저녁 메뉴로 달걀찜을 만들 때였다. 달걀을 좀 풀어달라는 부탁에 그는 "내가 이건 또 잘하지" 하며 흔쾌히 달걀을 받아 들었다. 어릴 적 엄마가 빵을 만들 때 달걀을 2백 번 저으라는 미선을 주셨다고. 남편은 순식간에 어린 훈이 되어 신나게 달걀을 풀었다. 그 덕에 마치 체에 거른 것처럼 곱게 풀린 달걀 물로 부드러운 달걀찜을 만들 수 있었다.

그 시절 먹었던 엄마의 빵은 카스텔라 같았다고 했다. 지금도 가끔 그때 그 빵이 먹고 싶을 때가 있다고. 평소에 빵을 즐겨 먹지 않는 사람임에도 불구하고 이따금 생각나는 맛이라니. 더구나 질문을 받고 한 치의 고민도 없이 대답이 나올 정도라니. 궁금해졌다. 빵 얘기를 할 때마다 개구쟁이 어린 훈의 눈빛이 되는 걸 보면 그가 정말 먹고 싶은 건 빵 그 자체보다도 어린 시절의 추억에 더 가까울 테지만. 언제 한번 어머니께 그 빵을 만들어달라고 부탁드려보자는 말과 함께 그날의 산책을 마무리했다.

부러웠다. 어린 시절 2백 번 달걀을 젓고 있던 어린 훈도, 그 시절을 떠올리며 웃음 짓는 남편도. 그동안 자연스레 어릴 적 추억을 소환해오던 남편을 여러 번 보았다. 거기엔 특히 아버지와 함께 나눈 추억이 가득했다. 마트에서 화려한 색을 자랑하는 사탕 옥춘당이나 젤리를 보면 아버지와 즐겨 먹었던 거라며 입맛을 다신다. 토마토를 먹을 땐 열이면 열… 까지는 아니고 한 여덟 정도, '아버지는 항상 설탕을 뿌려 드셨다'며 설탕 좀 뿌려달라는 차마 들어줄 수 없는 부탁을 하곤 한다(시가의 가족력 가운데 당뇨가 있고 안타깝게도 남편은 피해가질 못했다. 이게 다 설탕 좋아하시던 슈가 보이 시아버지 때문이라는 웃지 못할 농담을 하기도 한다). 그런데 아버지뿐 아니라 추억의 음식 엄마 편에서도 반사적으로 튀어나오는 음식이 있고, 그 모든 추억 끝에 미소가 함께라니. 어린 훈이, 내 옆의 남편이 부러울 수밖에.

"어머니, 아들이 어릴 때 먹던 그 빵이 지금도 가끔 먹고 싶대요."

그날 이후 어느 날 시가에 갔을 때, 시어머니께 프라이팬으로 만드셨던 그 빵을 다시 만들어주실 수 있는지를 여쭈었다. 어머니는 그게 왜 먹고 싶냐며 웃으시고는, 그때는 뭐가 없으니 별다른 재료도 없이 그렇게라도 해 먹었던 거라며 대수롭지 않게 넘기실 뿐이었다.

남편은 어린 시절 먹었던 빵을 다시 맛볼 수 있을 거라 생각했고, 나 역시 이미 옆에서 달걀을 2백 번 저을 준비가 되어 있었는데. 괜스레 서운했다. 먹고 싶다는 건 언제든 뚝딱 만들어주셨던 분이라 내심 기대하고 있었나 보다. 정작 만들어주실 분은 생각도 하지 않고 있는데 멋대로 기대하고 상상하고 끝내 실망까지 한 꼴이라니. 혹여 남편도 그랬을까. 내가 괜한 말을 꺼낸 건 아니었을까. 그렇다면 너무 미안한데. 그날, 집으로 오면서 마음먹었다. 그 빵, 내가 만들어주겠노라고. 베이킹도 뭔지도 모르면서 겁도 없이 남편의 추억 소환을 약속해버렸다.

해가 바뀌고 남편의 생일이 다가왔다. 추억을 되살리기에 이보다 더 좋은 순간이 또 어디 있을까.

아니 그런데, 요즘은 프라이팬으로는 잘 안 만드나. 어째 보이는 레시피는 전기밥솥으로 만드는 것뿐이다. 집에는 전기밥솥이 없기도 하거니와 설령 밥솥이 있다고 해도 추억의 그 맛을 재현해내기 위해서는 프라이팬이어야 하는데 말이지. 검색어를 바꿔가며 레시피를 찾아내고, 만들기 전에 레시피를 읽고 또 읽었다(블로거 '미다움'님 감사합니다). 혹시라도 망칠 것을 대비해 플랜B로 작은 케이크도 하나 사다 놓았다. 물론 그보다는 미리 몇 번 만들어보는 쪽이 더 나았겠지만, 나는 주도면밀하고 준비성이 좋은 사람은 아니라 그렇게까지는 하지 못했다.

투명한 달걀흰자가 새하얘질 때까지 젓고 있자니 어깨가 빠질 듯이 아파왔다. 승모근은 올라오고, 머리는 젓고 있는 팔쪽으로 내려가 한껏 올라온 승모근과 인사라도 할 것 같았다. 도저히 여러 번은 못 하겠다. 딱 세 번만. 세 번 안에 성공하지 못하면 다음으로 미루고 플랜B로 가야겠다고 다짐했다. 서프라이즈도 좋고 추억 소환도 좋지만, 사람이란 때론 단호하게 결단을 내릴 줄도 알아야 하니까.

오일 코팅을 한 프라이팬에 반죽을 붓고 뚜껑을 덮은 후 15분 타이머를 맞췄다. 150분 같은 15분이 지나고 진득하게 덮어두었던 뚜껑을 열었는데… 왜 가운데는 촉촉한 반죽이 그대로 남아 있는 걸까. 약한 불로 하라 해서 약한 불로 했더니, 너무 약한 불이었나. 불을 조금 키우고 5분을 더 기다렸다. 뭔가 냄새가 난다. 나를 행복으로 이끄는 빵 굽는 냄새가 내 주방 프라이팬에서도 나고 있다. 이렇게 한 번에 완성이라고? 설레는 마음으로 뚜껑을 열었다. 이야… 망했다! 촉촉했던 반죽은 조금 나아지기는 했어도 도무지 빵이라고 볼 수 없었고, 테두리는 그사이 타다 만 나무색이 되어 있었다. 냄새는 정말 끝내주게 좋았는데. 하지만 좌절하기엔 이르다. 나에겐 아직 두 번의 기회가 더 남아 있으니까. 자, 다시 처음부터. 흰자가 정말 하얀색이 될 때까지. 그렇게 머리와 승모근이 인사를 하고, 오일 코팅을 한 프라이팬에 반죽을 붓고, 처음보다는 조금 덜 약한 불로 15분. 두구두구두구… 뚜껑을 열자 행복의 냄새가 주방에 퍼진다. 그렇지! 온전히 동그란 모양으로 남편에게 보여주고 싶어 차마 맛은 보지 못했지만, 냄새도 모양새도 제법 그럴듯하다. 승모근의 통증이 싹 사라지는 것만 같다.

저녁, 남편과 함께 외식을 하고 들어와 몰래 프라이팬 카스텔라에 초를 꽂았다. 서둘러 불을 붙이고 생일 축하 노래를 불러주었다. 나의 작은 서프라이즈. 이미 디저트가 들어갈 수 없을 정도로 배가 가득 찼지만 그건 중요하지 않았다. 어서 맛을 보고 소감을 말해주기만 기다렸다. 드디어 입에 넣는다. 빙그레, 그가 웃는다.

자, 그래서 남편의, 훈의 추억 소환은 성공했을까. 절반의 성공, 절반의 실패다. 맛을 본 남편의 첫 반응은 '맛있다'였다. 이어지는 조금 더 솔직한 대답은 '맛있지만 빵 안의 공기 구멍은 더 크고 식감은 더 거칠어야 한다'는 거였다. 내가 만든 건 빵집에서 파는 것처럼 부드러운 진짜 카스텔라 같다고. 그러니까 이건 너무 잘 만든 거라고. 베이킹의 ㅂ도 모르는 내가 오븐도 아닌 프라이팬으로 파는 것 같은 빵을 만들어낸 것은 성공, 남편의 추억을 소환하기에는 실패. 어릴 적 훈처럼 달걀을 2백 번만 저으며 머리와 승모근이 조금 덜 가까워졌어야 했던 거다.

늦은 밤. 하루의 마무리 산책을 하던 중 남편이 조용히 마음을 전한다.

"마누라. 생일 선물도 주고 빵도 만들어줘서 고마워."

새삼스럽기는. 선물이라고 해봤자 좋아하는 만화책의 최신호 세 권이고, 축하야 늘 해오던 거였다. 괜스레 멋쩍어 마누

라밖에 없지 않냐며 웃었지만 새삼스럽고 멋쩍어도 좋다. 이런 인사를 바란 건 아니었어도 레시피를 찾고 빵을 만들기까지의 마음과 노력을 알아준 거니까. 우리의 추억이 이렇게 새롭게 하나 더 적립되었다.

한 손으로는 루피의 리드 줄을 잡고, 다른 한 손으로는 보아의 리드 줄을 잡고 있는 그에게 팔짱을 끼고 걸었다. 하늘에 달은 가득 차올라 유난히 밝았고, 내 마음도 달처럼 밝은 밤이었다.

혹시라도 만들어보고 싶으신 분들을 위해.

재료　　달걀 4개. 밀가루 5숟가락, 베이킹파우더 2/3숟가락, 설탕 4숟가락, 오일 조금, 레몬즙 조금

① 흰자와 노른자는 분리해주고 각각 풀어요.
② 특유의 비린내가 날 수 있으니 노른자를 풀 때는 레몬즙을 함께 넣어요.
③ 흰자를 풀 때 설탕을 넣고 함께 저어요.
④ 투명한 흰자가 하얗게 바뀌고, 젓는 손에서 뻑뻑함이 느껴진다면(대략 10분에서 15분) 노른자를 넣고 섞어요.
⑤ 합체한 달걀에 밀가루와 베이킹파우더를 체로 쳐서 잘 섞어요.
⑥ 프라이팬에 오일을 살짝 코팅하는 정도로만 발라요.
⑦ 반죽을 붓고 뚜껑을 덮은 후 약한 불에서 15분 정도만 구워주면, 끝.

* ③, ④, ⑤ 모두 같은 방향으로 해주세요.
* 익지 않았다고 뒤늦게 불의 세기를 키우면 다 타버린 나무색의 무언가를 만날 수 있으니 주의하세요.

* 만약 어린 훈의 추억의 맛으로 드시겠다면 흰자와 노른자는 분리하지 말고 2백 번만 저으세요.

맛있게 드세요.

대왕 비빔국수

 시동을 걸고 내비게이션에 목적지를 입력했다. 엄마, 나의 영란 씨가 있는 친정에 가는 날이다. 출발하면서 전화를 걸었다.

 "영란 씨, 나 지금 출발해요. 배고파."

 아마도 도착 예정 시간이 가까워질 때쯤 엄마는 전화를 걸어와 어디쯤인지를 물으실 거다. 그리고는 시간을 계산해 새 밥을 지으시겠지. 밖에 나가서 먹자고 해도 꼭 그렇게 집밥을 준비하신다. 비록 어제저녁에 해놓은 밥이 있을지라도 굳이 찬밥으로 만들어놓으면서까지. 그럴 필요 없다고 누누이 말씀드려도 그런 말들은 엄마의 귓등에 닿지도 못하고 튕겨 나온다. 그래서, 오늘은 콕 집어 말을 했다. 다른 거는 됐고 국수를 비벼달라고. "맛있는 우리 영란 씨 국수가 먹고 싶으니까, 밥할 생각일랑 마시고 국수 맛있게 비벼주세요" 하고.

 내부순환로에 유난히 차가 많아 도착 예정시간보다 30분이나 더 소요됐다. 현관을 열고 들어가니 어서 오라는 인사보다 배고파서 어떡하냐는 엄마의 말이 먼저 마중을 나온다. 주방에서 고개를 빼꼼 내밀고 환하게 반겨주신 엄마는 곧바로 등을 돌리고는 분주하게 움직인다. 식감을 살려줄 사과와 오이가 듬뿍 들어간 비법 양념은 이미 만들어져 있었고, 넓은 냄비에 담긴 물은 당장이라도 팔팔 끓어오를 준비가 된 듯 모락모락 김이 올라오고 있었다. 내가 도착하기를 기다리면서, 도어락을 누르고 현관문을 열고 들어올 딸을 기다리면서, 그렇게 엄마는 불을 켰다가 껐다가… 팔팔팔팔 물을 끓였다가 어느새 줄어든 물을 다시 채우고 끓이기를 반복했겠지. 출발할 때부터 배가 고프다고 한 딸에게 조금이라도 빨리 국수를 비벼주고 싶은 나의 영란 씨가 그려졌다.

음식 할 때의 엄마는 큰 손이 된다. 안 그래도 큰 손이 국수 앞에선 유난히 더 커지는데, 어째 오늘따라 더 빅 사이즈 손이 된 것 같다. 도저히 2인분이라고는 볼 수 없다. 혹시라도 누구

더 올 사람이 있는 건 아닌가 싶을 정도로 많은 양의 국수가 비벼졌다. 다 비벼진 국수를 보며 정작 엄마가 놀란다.

"왜 이렇게 많이 했지?"

대왕 국수를 직접 비벼 낸 엄마도, 그런 엄마를 보는 나도 그저 웃을 뿐이다. 아무래도 출발하면서 했던 배고프다는 나의 말이 주문이 되어 엄마에게 마법을 걸었나 보다. 배고픈 딸을 배불리 먹여야 한다는 마법. 시간이 늦어질수록 딸은 더 허기가 질 테니 모자라지 않게 많이 만들어야 한다는 마법. 그래서 분명 2인분을 준비한 것 같은데도 거뜬히 4인분이 되는 마법. 때로는 이렇게 마법이 아니고서야 도저히 설명할 방법이 없는 마음이 있다. 엄마의 마음이란 바로 그런 거겠지.

젓가락을 들면서 절대 다 먹지 말고 꼭 남기자고 약속했다. 루피와 보아 이야기에 한 젓가락. 엄마의 탁구장 이야기에 또 한 젓가락. 아버지에, 새롭게 인테리어한 집에, 그리고 그보다 더 많은 이야기에 한 젓가락씩 먹다 보니 어느새 대왕 국수는 온데간데없고 빈 그릇만 남아 있었다. 손가락은 걸지 않았지만 우린 분명 약속했는데, 오히려 정반대의 약속을 한 사람들처럼 남김없이 싹 다 먹어버리고 말았다. 진즉에 배는 불렀지만 배부르다고 말은 하면서도 젓가락질을 멈출 수 없었다. 나야말로 마법에 걸린 건 아니었을까.

 엄마와 나는 점점 더 불러오는 배를 두드리며 거실에 나란히 누웠다. 배부르다는 말이 틈틈이 웃음에 실려 숨결처럼 가볍게 새어 나왔다. 과거의 어느 시간을 불러와 이야기를 나누다 누가 먼저랄 것도 없이 그대로 까무룩 잠이 들었다. 초여름의 햇살만큼 따사롭고 느릿한 행복이 거기에 있었다.

영란 씨의 대왕 비빔국수는 이렇게 만들어요.

재료   영란 씨의 비법양념(시판 양념장(148쪽 참고)에
        매실청 조금, 고춧가루 조금, 다진 마늘 기분에 따라,
        참기름 듬뿍, 참깨 듬뿍), 사과와 오이 넉넉하게, 소면

① 비법양념에 채 썬 사과와 오이를 넣고 섞어요.
② 대왕 비빔국수답게 면은 '이래도 되나' 싶을 정도로 넉넉하게 넣고 삶아요.
③ 탱글한 면발을 위해, 삶은 면은 찬물에 담가 헹구고 물기를 빼요.
④ 미리 준비해 둔 ①에 물기를 뺀 면을 넣고 오른쪽으로 왼쪽으로 잘 비벼요.

맛있게 드세요.

그 시절, 우리가 사랑했던 아침밥

 그날의 하늘은 지금까지도 머릿속에 각인처럼 남아 있다. 마치 결혼 후 1년을 요약했을 때 섬네일로 사용해도 좋을 대표 이미지처럼. 그 시절 매일 새벽을 열던 창 너머의 하늘은 내 하루의 시작이자, 내 마음의 자세이기도 했다.

 동쪽을 정면으로 바라보는 집이었다. 1호선 철로를 옆에 둔 아파트의 21층. 철로 덕분인지 가까이에 시야를 가릴 만한 높은 건물이 없어, 저 멀리 산 너머로 푸른 새벽을 밀어내며 붉어지는 하늘을 바로 마주할 수 있었다.

 그해 9월 16일 새벽 5시 46분의 하늘은 선명했다. 깊고 푸른 네이비색 하늘은 이제 막 떠오르기 시작한 태양에 빠른 속도로 밀려나고 있었다. 해를 숨기고 있는 산은 선명한 실루엣을 드러냈고 그보다 가까이에 있는 건물엔 새 아침을 밝히는 불빛이 하나둘 켜지고 있었다. 창을 열지는 않았지만 어쩐지 조금은 서늘하고 건조한 새벽의 공기가 느껴지는 듯했다. 이대로 담아두고 싶어졌다. 거실의 불을 켜지 않고 카메라를 끄

내 그 순간을 담았다.

 결혼 후 처음 몇 해는 주부와 직장인의 역할을 모두 소화해내기 위해 적지 않은 노력이 필요했다. 주부이며 직장인으로 살았던 기간이 물리적인 시간 대비 훨씬 더 길게 느껴지는 건, 어쩌면 그 시간이 여러 의미로 만만치 않았기 때문이겠지. 결혼 후 첫 전화 통화에서 아버지는 밥은 해 먹고 다니는지, 양말은 빨아 신고 다니는지 걱정 어린 말씀을 농담처럼 하셨다. 그만큼 아무런 준비 없이 '주부'라는 타이틀을 가슴에 달았다.

 어려서부터 결혼식을 하는 날까지 부모님과 떨어져 살아본 적이 단 한 번도 없었다. 그렇게 쭉 부모님의 돌봄, 다시 말해 차려주시는 밥을 먹고 빨아주시는 옷을 입는 걸 당연히 여겼다. 그렇다고 손에 물 한 방울 묻히지 않고 살았던 건 아니었지만, 나에게 집안일이라는 건 그저 돕는 것일 뿐 '해야만 하는' 내 몫이라고 여겼던 적은 없었다.

신혼여행을 다녀와 첫 출근을 하는 날부터 남편보다 일찍 일어나 아침밥을 지었다. 어려서부터 학교건 회사건 집을 나서기 전 늘 아침밥을 먹고 나갔다. 그러니 우리가 함께 시작하는 아침에 밥이 등장하는 건 선택의 문제가 아닌 자연스럽고 당연한 일이었다. 더구나 사랑하는 사람(십수 년이 지난 지금도 나는 남편을 물론 사랑하지만, 바로 며칠 전까지 남자친구였다가 남편이 된 사람에 대한 넘치는 사랑을 부디 떠올려 주시기를)과 함께 먹는 아침밥이니 얼마나 잘해주고 싶었겠나. 말 그대로 정성을 쏟았다. 밥을 준비하는 것이 나의 몫으로 약속된 것은 아니었다. 다만 평생 가족의 밥을 챙기는 엄마를 보고 살아와서인지 나 스스로 그걸 당연하게 여겼을 뿐. 비록 아침밥을 준비하는 나 역시 한 시간 거리의 직장으로 출근을 해야 하고, 출근 시간이 10시도 11시도 아닌 9시였지만 말이다. 그렇게 남편과 함께 아침밥을 먹고 무리 없이 집을 나서기 위해서는 새벽같이 일어나야만 했다.

요령이 없었다. 30년이 넘게 엄마의 살림을 보고 살았다. 엄마의 주방에는 보온 기능이 있는 전기밥솥이 없었고, 자연스레 '새 밥' 또는 '찬밥'이 있을 뿐이었다. 새롭게 마련된 내 주방은 그와는 달리 보온은 물론 똑똑하게 예약 취사까지 가능한 전기밥솥이 있었으나 그런 기능은 아침밥엔 적용되지 않았다. 내 머릿속에는 은연중에 '아침은 곧 새 밥'이라는 공식이 들어앉은 것만 같았다. 그렇게 매일 아침 새 밥을 짓고, 새 국을 끓였다. 지금 생각해보면 '아이고' 소리가 절로 나온다. 만약 내 동생이(없지만 있다는 가정하에) 아침에 출근하면서 새벽같이 일어나 밥도 국도 새로 끓인다면 단호한 눈빛으로 굳이 그럴 필요 없다고(정신 차리라고) 말해줄 텐데, 그 시절의 내게는 그렇게 말해주는 사람이 없었다. 다른 누가 시켜서가 아니라 내가 원해서 한 일이었으니 말해주는 사람이 없었다고 원망할 일도 아니지만.

할 줄 아는 게 없으니 정보의 바다를 헤매고 다녔다. 눈으로 한 번 쓱 훑고 보글보글 뚝딱 만들어내고 싶었지만, 초보 주부의 현실에선 불가능했다. 재료 손질부터 시작해 그릇에 담는 순간까지 레시피를 실시간으로 보고 또 봤다. '간장을 얼마나 넣으랬더라', '마늘은 얼마나 넣으랬지?' 수시로 확인하면서. 중불로 5분이라면 그 5분이 될 때까지 시계를 보고 또 봤다. 가장 어려운 건 '적당히'였다. 아니, 선생님. 적당히라니요. 요리 초보는 그 적당히가 어느 정도인지 도저히 알 수 없단 말이죠. 적당히는 대체 어느 정도죠? 이만큼? 요만큼? 그런 혼돈의 시간을 보내고 차려낸 아침밥을 맛이 있거나 없거나 남편은 참 잘도 먹었다. 아마 없는 쪽이 더 많았겠지. 말은 하지 않았지만, 그 정도는 안다. 나도 입은 있으니까. 아내의 밥상 앞에서 취해야 하는 자세 같은 걸 어디서 배워 온 건지 그는 매번 그럴듯하게 반응해주는 것도 잊지 않았다. 온전한 진심은 아니라는 걸 뻔히 알면서도 그런 반응에 영락없이 기분이 좋아졌다. 피로가 점점 쌓여가더라도 칭찬은 아내를 춤추게 했다.

관객의 적극적인 호응에 힘을 얻어 열연을 펼치는 무대 위의 배우처럼, 주저앉고 싶어도 팬들의 환호에 일어나 달리는 운동선수처럼, 그렇게 새벽같이 일어나 함께 먹을 아침 식사를 준비하는 일을 멈출 수가 없었다.

그러던 어느 날, 그는 출근길 차 안에서 속이 불편해 애를 먹었던 이야기를 꺼내놓았다. 사무실에 도착하기 전 존재감을 심하게 드러내는 장 때문에 식은땀이 나서 혼났다는 거다. 심지어 꽤 자주 그런 일이 있었다고 했다. 아침밥을 먹고 동부간선도로를 타고 강남까지 출근하는 동안, 막히는 도로와 언제 또 요동칠지 모르는 장 때문에 신경이 곤두서 있었던 거였다. 미처 몰랐다. 평소 먹지 않던 아침밥을 먹으면서 안 그래도 예민했던 남편의 장은 마치 굴러가는 나뭇잎에도 까르르 웃는 사춘기 아이처럼 반응한다는 사실을.

왜 말하지 않았을까. 그의 대답은 의외로 간단했다.

"좋았어."

장 트러블에 긴장되는 출근길이 반복되었어도 여자친구였던 아내가 아침밥을 차려주는 것이 좋았다고 했다. 비록 예민하게 반응하는 장 때문에 출근길이 살얼음판이었어도 그걸 극복하고 싶을 정도의 기쁨이라니. 무엇보다 아침밥을 준비하는 내가 즐거워 보였다고 했다. 그런 나의 즐거움을 망치고 싶지 않았다고. 맙소사.

나 역시 혼자 먹는 밥이었다면 출근 준비만으로도 바쁜 시간에 새 밥을 짓고 새 국을 끓이는 수고는 하지 않았을 거다. 정성과 시간을 쏟았던 건, 그 역시 그렇게 차려지는 아침밥을 즐긴다고 생각했기 때문이었다. 아니, 매번 그렇게 적극적인 반응을 보이니 당연히 그리 생각할 수밖에. 하지만 오히려 출근길이 힘들었던 걸 알았더라면 굳이 그렇게 아침밥을 고집하진 않았을 텐데. 우린 서로를 필요 이상으로 너무 생각했던 거였다. 피곤하고 지치는 나보다도 그 피로를 연료로 차려진 아침밥을 먹는 그의 모습을, 출근하는 동안 비록 불안한 장을 부여잡을지언정 신경 써서 아침을 준비하는 마음을 먼저 생각했다. 그렇게 나보다는 너를 먼저 생각하는 마음에서 나온 것들이 실은 서로를 힘들게 하고 있다는 건 미처 생각하지 못하고서. 시계를 팔아 아내의 머리핀을 사던 짐과, 긴 머리카락을 잘라 남편의 시곗줄을 사던 델라가 바로 여기에 있었다.

그렇게 서로의 속내를 나눈 이후 우리의 아침은 서서히 가벼워지게 되었다. 밥 없이 뜨끈한 국만 한 그릇 먹기도 하고, 샌드위치를 들고 나가기도, 케일과 사과 등 채소와 과일을 갈아 먹기도 하면서.

이렇게 달라진 요즘의 아침에도 나는 가끔 그날을 떠올린다. 마치 찰나의 기록으로 남겨두었던 사진 한 장이 이 시간의 대표 섬네일이 된 것처럼, 태양에 밀려나는 네이비색 하늘을 마주할 때면 그날 창밖으로 보이던 하늘과 그 무렵의 이야기가 자연스레 떠오른다.

그날처럼 푸른 새벽을 여는 오늘이지만 서둘러 밥을 짓거나 아침을 차리지는 않는다. 나는 조용히 내 방으로 들어가 다정한 글방 친구들과의 인사로 하루를 시작했다. 그리고 남편은 출근 전 냉장고에서 시원한 여주즙을 하나 꺼내 마시는 것으로 아침 식사를 대신했다. 아침밥이 당연했던 나도 더는 아침을 챙겨 먹지 않는다. 커피나 차, 혹은 생수 한 잔이면 충분하다.

우리의 아침 풍경은 예전과 많이 달라졌지만, 서로를 생각하는 마음만큼은 변함이 없다. 아마도 그럴 거다. 십수 년이 흐른 뒤 다시 지금을 떠올렸을 때는 또 어떤 모습으로 기억이 될까. 어쩌면 당장 지금이 이 시절을 대표하는 섬네일이 될지도 모를 일이다. 그렇다면 최선을 다해서 다정하게 지금을 살아야지. 훗날 언젠가의 내가 이 시절을 떠올리면서 어깨를 꽉 잡고 단호한 눈빛으로 정신 차리라고 말하기보다는 부드러운 미소를 짓고 싶으니까.

따뜻하게 데운 베이글에 크림치즈

 출근하는 남편을 따라나섰다. 노트북을 챙겨 스타벅스로 외근 나와 따뜻한 아메리카노와 탕종 플레인 베이글에 크림치즈를 주문했다. 보통 이 시간에는 물이나 차만 마시지만 이렇게 나오면 커피 이외에 뭐라도 주문하곤 한다. 더구나 아침 시간에는 모닝 세트로 할인도 되니 은근히 절약하는 것 같은 느낌적인 느낌까지 들고.

 따뜻하게 데워진 베이글을 앞에 두고 나의 취향을 깨닫는다. 이렇게 크림치즈를 바를 때면 부드럽기보다는 조금 거친 식감의 베이글을 선호한다. 반으로 잘린 단면이 오히려 바삭하게 구워져 입천장이 살짝 까질지라도. 취향과는 다른 부드러운 베이글에 크림치즈를 듬뿍 바르고 입에 넣었다. 천천히 오물오물 씹어 넘기려는데 무언가 답답하게 목에 걸리는 듯하다. 이건 단순한 식감의 문제가 아니다. 말끔하게 기분 좋은 아침인데도 부드러운 베이글이 목에 걸린 듯한 이 기분은 어째서일까.

강 언니다. 베이글에 크림치즈를 바르는 순간부터 강 언니가 떠올랐다. 언니를 처음 알게 된 건 엄마가 되고 싶어 노력하던 시절이었다. 각자 할 수 있는 최선의 노력을 끌어모으던 시절에 만난 친구이자 동료였다. 자주는 아니어도 서로의 집을 오갔고, 오늘처럼 이런 외근에(당시엔 외근보다는 잠시의 멍 때림이었을 뿐이었지만)도 약속 없이 불러낼 수 있는 사람이었다. 그렇게 대책 없이 불러낸 언니를 기다리며 구로의 한 스타벅스 창가 자리에 앉아 있던 내가 보인다. 그날도 오늘처럼 출근하는 남편을 따라나섰던, 햇살이 참으로 눈부신 날이었다.

당시 집에 에어컨을 설치하지 않았던 언니는 한여름 더위를 피해 집 근처 스타벅스로 피서를 떠나곤 했다. 언니와 마주 앉아 베이글을 먹은 건 딱 두 번뿐이었지만 그 순간이 무척 인상적이었다. 나는 빵을 먹을 만큼 손으로 떼어 그때마다 크림치즈를 발랐던 반면, 언니는 반으로 잘라놓은 빵의 단면 전체에

치즈를 미리 다 발랐다. 베이글을 그렇게 먹는 건 내가 아는 사람들 가운데 그 언니가 유일했다. 그렇게 치즈를 발라놓은 베이글을 칼로 잘라 먹었는지, 손으로 뜯어 먹었는지, 아니면 입으로 왕 베어 물었는지는 기억나지 않는다. 중요한 건 치즈를 바르던 모습. 그 모습이 내게는 꽤 인상 깊게 남았다는 거다. 그래서인지 이후 스타벅스에 앉아 베이글에 크림치즈를 바를 때면, 바로 오늘처럼 언니가 생각났다.

언니와는 아침부터 저녁까지 수도 없이 서로의 이야기를 나누었다. 그때 몇몇이 함께 하는 단톡방이 있었는데 하나둘 엄마가 되면서 난임에서 육아로 각자의 리그를 옮겨갔다. 언니도 그렇게 바라던 대로 육아로 리그를 옮겼고, 이후에는 나 역시 새로운 리그로 들어섰다. 엄마가 되고 싶었던 날들을 뒤로하고 결국 무자녀 부부의 삶을 살기로 했으니까. 우리의 리그는 거리가 아주 멀었다. 그렇게 우리는 각자가 몸담은 리그의 거리만큼 관계 역시 자연스레 소원해졌다.

가끔 그런 생각을 한다. 만약 우리가 애초에 다른 리그에서 만났더라면 어땠을까. 난임이나 임신, 육아 같은 게 아니라 전혀 다른 리그. 이를테면, 학교라든가 회사라든가 하다못해 동호회라든가 하는. 그랬다면 우리의 지금은 달랐을까. 이렇게 크림치즈를 바르며 떠오를 때, 그 어느 날처럼 아무렇지 않게 불러낼 수 있었을까. 혹시 지금 나는 언니를 부르고 싶은 건가.

 커피를 한 모금 마셔보아도 베이글이 잘 넘어가지 않는다. 목이 아니라 저 깊은 곳 어디에 걸려 있는 기분이랄까. '생각이 나면 연락을 하라.' 평소 그런 생각을 갖고 사는 나인데 오늘은 왜 이렇게 주저하고 있는 걸까. 누군가 마음속에 떠올랐을 때 그냥 스쳐 지나가지 않고 자꾸만 마음 한쪽 끝을 살살 건드린다면, 가급적 연락을 하려는 편이다. 우리 이제 더는 연락하지 말자며 서로 등을 돌린 사이가 아닌 다음에야, 마지막 연락이 수개월 혹은 수년 전이라 해도 연락하지 못할 이유는 없을 테니까. 오히려 누군가 오랜만에 내 생각이 났다며 안부를 물어온다면, 생각지도 못한 소식에 나는 정말 반가울 것 같은데. 그렇게 오랜 시간 연락이 끊긴 이에게 안부를 묻는 데는 생각보다 큰 용기가 필요하다는 걸 잘 아니까.

그리운 마음을 그리운 대로 간직할 때도 물론 있다. 용기를 내지 못해서이기도 하고, 관계가 소원해진 데는 그럴 만한 이유가 존재하는 거라는 생각으로 굳이 다시 이어 붙이려 하지 않을 때도 있다. 그렇게 연락으로 이어지지 않고 그저 마음속에만 간직하는 날들이 어쩌면 더 많았을지도 모른다. 그렇지만 어쩐지 오늘은 그러고 싶지가 않았다. 그럼, 뭘 망설이는 거야. 어서 용기를 내, 안부를 묻자.

메신저 창을 열고 '나는 여전히 스타벅스에서 베이글에 크림치즈를 바를 때면 언니 생각이 난다'는 말로 시작되는, 짧다면 짧고 길다면 긴 안부를 전했다. 메시지를 보내놓고 대화창을 닫아버렸다. 그건 끊어진 시간을 애써 다시 끌어와 이어 붙이고 싶다기보다 돌아오지 않는 메아리라도 상관없다는 마음이었기 때문이다. 그저 어딘가에서는 당신을 기억하고 함께한 시간을 추억하는 내가 있다는 걸 말하고 싶었다. 아니, 몰라도 괜찮았다. 확인하지 않은 '1'이 사라지지 않아도 괜찮다는 마음도 있었다. 그 후 몇 분이 지났을까. 깜빡깜빡. 노트북 작업 창에 메시지 알림이 떴다. '우와!'로 시작하는 반가운 인사. 그 사이 언니는 당산에서 혜화로, 혜화에서 제주로 터전을 옮겼다고 했다. 마당이 있는 주택인데 관리가 안 돼 거미줄이 쳐 있지만, 그런 집도 괜찮다면 언제든 놀러 오라고. 진심이라고. 그리고 자신의 못난 행동에도 불구하고 좋게 기억해줘 미안하고 고맙다고… 언니는 말했다. 제주 주택에 살고 있다니. 어쩐지 참 강 언니답다는 생각이 든다. 새로운 문제 앞에 두려움보다는 용기를 꺼내는 사람, 주저함이 있을지언정 결국 행동으로 옮기는 사람. 역시, 아파트보다는 마당 있는 주택이 어울리는 사람. 결국, 사람은 그 생김대로 그렇게 살아가게 되는구나. 관리가 안 되어 잡초가 무성하고 거미줄이 쳐 있더라도 그마저도 좋은 의미로 언니 같아서 슬며시 웃음이 났다.

 언니의 못난 모습을 나는 모른다고 말했지만 어떤 순간을 말하는 건지 어렴풋이 짐작은 간다. 우리는 난임이라는 리그 안에서 치열한 개인전을 치르는 사람들이었다. 앞만 보고 달려가다 보면 경주마에게 차안대를 씌운 듯 시야가 좁아지기도 한다. 목표만 보고 질주하는 절박함 속에서 무심한 말이나 행동이 의도와는 달리 옆에서 달리는 이에게 상처를 주기도 하니까. 나 못지않게 언니 역시 치열했고, 그 치열함이 내게 생채기를 남긴 순간이 있었다. 그러나 그런 순간마저도 상쇄시킬 정도로 함께 마음을 나누었던 시간이 내게는 좋았던 거겠지. 대화창의 '1'이 사라지고, 기대하지 않았던 반가운 안부가 전해져 오고, 비록 온라인 메신저를 통해서였지만 짧은 대화를 나누는 동안 나는 웃고 있었으니까. 놀라운 건, 나의 지난 책 출간 소식을 언니가 알고 있었다는 거다. 지켜보고 있었다는 사실에 어쩐지 마음 한구석이 꽉 차올라 든든해지기도 했다. 용기 내기를 참 잘했다. 안부 묻기를 참 잘했다.

어느새 눈앞에 있던 베이글은 흔적도 없이 사라졌다. 언제 이렇게 다 먹은 거지.

해가 바뀌기 전에 찾아가겠다고 한 약속을 지킬 수 있을지 장담하기는 어렵다. 그간의 시간을 다시 이어붙일 수야 없을 테지만, 그만큼 쌓인 이야기는 서두르지 않고 천천히 오래도록 풀어갈 수 있기를. 우리 앞에 놓인 시간의 강 위에 서로 건널 수 있는 징검다리를 하나씩 놓아가도 좋을 테니.

스타벅스 모닝 세트(2025년 9월 기준)

* 매장 오픈 시간부터 오전 10시 30분까지 모닝 세트 할인 구매가 가능해요.
* 아메리카노와 카페라테에 적용되며 베이글이나 샌드위치 등을 구매할 때 최대 1,500원 할인을 받을 수 있답니다.
* 취향에 따라 크림치즈나 딸기잼을 추가해서 드세요. 물론 공짜는 아니랍니다.

> "내가 한 게 더 맛있다니까."

저녁 메뉴로 뭐가 좋을까 고민하다 냉장고에 있는 재료를 머릿속으로 그려보았다. 영란 씨가 김치 통으로 하나 가득 담가주고 가신 오이지가 떠올랐다. 마치 작은 꽃들 사이를 게슴츠레 보고 있다 보면 입체 화면처럼 떠오르는 매직아이같이, 냉장고와 팬트리의 여러 식재료들 사이에서 오이지가 그렇게 튀어나와 존재감을 드러냈다.

오이지는 내가 꽤 좋아하는 반찬 중 하나다. 얇게 채 썰어 물에 담가 짠 기를 빼고 물기를 꾹 짜서 매콤하게 무쳐 먹기도, 깨끗하게 씻은 후 채 썰어 시원한 물에 담가 오이지의 짠맛이 우러나오도록 기다렸다가 냉국처럼 먹기도 한다. 아니면 아무런 조리를 거치지 않고 깔끔한 맛으로 먹는 것도 좋다. 어린 시절부터 먹어왔고 여름이 되면 늘상 밥상 위에 올라와 자연스럽고도 당연했던… 입맛 없을 때 하얀 쌀밥에 오이지만 있다면 다른 반찬은 필요 없었다.

올해야 영란 씨가 한 달을 함께 지내는 동안 김치 통으로 가득 담가주고 가셨지만 보통은 친정과 시가에서 조금씩 가져다 먹곤 한다. 딱 정해진 레시피가 있는 건 아니다. 친정엄마 영란 씨와, 시어머니 성자 씨 모두 당신들의 입맛과 취향에 맞게 만들다 보니 그 맛이 참 다르다. 경기도 북부 출신과 전라도 남부 출신의 지역색일 수도 있을 테고, 순수하게 당신들의 입맛의 차이도 있겠지. 그 시작이 어디였는지는 몰라도 오랜 시간과 여러 번의 과정을 거쳐 지금에 이르게 되었을 거다. 오이지는 좋지만 짠 건 싫다는 영란 씨의 오이지는 양념해서 무쳐 먹기 좋고, 마찬가지로 짠 건 싫지만 그래도 오이지는 짜야 한다는 성자 씨의 오이지는 냉국으로 먹기 좋다.

 오이 자체를 좋아하기도 한다. 생 오이에는 특유의 싱그러움과 아삭함이 있다. 김밥을 쌀 때도 즐겨 넣는다. 생 오이를 가늘게 채 썰어 그대로 넣을 때면 아삭한 식감은 더욱 살아난다. 반면 뜨겁게 끓인 소금물에 절인 오이지는 생 오이와는 달리 식감이 재미있다. 그 오도독한 식감이 참 경쾌하다. 입에 넣고 씹다 보면 어금니에서 시작된 오독오독오도독 소리가 입 안은 물론 머리 전체에서 서라운드로 울리는 것 같다. 오른쪽 어금니로 씹었는데 왼쪽 머리 끝에서 오독함이 느껴지는 기분이랄까. 그럴수록 더 꼼꼼히 씹는다. 그렇게 오독오독 리듬을 타다 보면, 고개는 미세하게 까딱거리고 입꼬리는 저도 모르게 올라간다.

나와는 달리 남편은 오이지를 썩 좋아하지 않는다. 이유는 아주 간단하다. 짜서 싫다나. 젓갈은 잘 먹으면서, 짜서 싫다는 그의 말을 온전히 다 이해할 수는 없지만, 그냥 공식처럼 외워버렸다. '남편은 오이지를 좋아하지 않는다' 하고. 언젠가 시어머니가 그러셨다. "훈이는 어렸을 때부터 오이지 안 먹었어." 시어머니도 알고 계시는 오이지 헤이터. 남편과 간식 궁합이 잘 맞는 시아버지는 참 좋아하셨는데. 반찬 궁합은 이렇게 또 다르다. 내가 좋아하는 걸 남편은 좋아하지 않으니 조금 아쉽기도 하다. 오이지를 아무리 맛있게 무쳐도 밥상 앞에서 반기지를 않으니 흥이 나지 않는다. 만약 그도 나처럼 좋아했더라면 양가에서 가져다 먹기보다는 직접 오이를 사다 절였겠지. 번거롭기는 해도 재미는 있었을 텐데. 그럼 영란 씨나 성자 씨와는 또 다른 나만의 레시피가 생겼으려나.

오래전, 시어머니는 미국에 계신 시이모님께 다녀오신 적이 있다. 시어머니가 즐겁게 여행을 떠나실 때, 나는 조용히 걱정을 키우고 있었다. 시아버지는 일 때문에 자리를 비울 수 없어 홀로 한국에 남으셨기 때문이다. 차라리 멀리 살았더라면 어땠을까. 시가는 걸어서 15분이면 충분히 오갈 수 있는 거리였고, 가까운 거리만큼 마음은 자꾸만 무거워졌다. 고민 끝에 매일의 식사를 챙기는 건 서로가 불편할 것 같아 이따금 반찬 정도는 해드려야겠다고 마음을 정했다. 일주일쯤 지났을 때였나. 이때쯤이면 시어머니가 해두고 가셨을 반찬들이 다 떨어졌겠다 싶었을 즈음, 시아버지가 오이지무침을 좋아하신다는 게 생각났다.

짠 기를 적당히 빼고 고춧가루와 매실청을 넣고, 곱게 다진 마늘, 쫑쫑 썬 파, 참기름과 통깨도 넣었다. 그래, 이 맛이야! 시아버지 입맛에 맞을까 걱정이 되긴 했지만, 내 입에는 맛있게 되었으니 부담 없이 가져다드렸다. 며칠 후, 시아버지께 안부 전화를 드렸다. 혹여 드시고 싶은 반찬이 있는지를 여쭈었더니 신경 쓰지 않아도 된다 하시며 나지막이 한 말씀 덧붙이셨다. "내가 한 게 더 맛있어. 하지 말어"라고. 전화를 끊고서 머릿속이 복잡해졌다. 맛이 없었나? 괜스레 주눅이 들었다. 이후 복날에 삼계탕을 끓여서 함께 먹기는 했지만, 시어머니가 돌아오실 때까지 안부 전화만 드릴 뿐 더는 반찬을 해다 드리는 일은 없었다.

돌이켜보면, 그때의 나는 변죽도 없었고 요령도 없었다. 차라리 정말 맛이 없는 거냐고 여쭤봤더라면 어땠을까. 아니면 대놓고, "아버님, 서운해요!" 하고 말했더라면. 지금이었다면 농담도 섞고 웃으면서 넘길 수 있었을 텐데. 아니, 어쩌면 며느리에게 미안한 마음에 그저 신경 쓰지 않아도 된다는 뜻이었을지도 모른다. 아버님이라면 정말 그러셨던 건지도 모르는데.

영란 씨가 담가주고 가신 오이지가 이제 딱 다섯 개 남았다. 두 개만 꺼내 썰어 물기를 꾹 짜고 난 후 먹기 좋게 무쳤다. 오독오독오도독. 기분 탓인가. 오늘따라 더 맛있게 무쳐진 것 같다.

그리고 비하인드 스토리. 저녁 밥을 먹으며….
"여보, 자기는 짜도 젓갈은 잘 먹으면서 오이지는 왜 안 좋아해?"

"오이지? 시어서 싫어. 난 음식이 너무 신 건 싫어."

"오이지가 시다고? 오이지는 소금만 넣고 절이는 거라서 신맛이 나올 수가 없는걸?"

"아니야. 난 오이지 시어서 싫어하는 건데?"

"…아! 어머니가 양념하실 때 식초를 많이 넣으셨나 보다. 그렇네. 예전에 보니까 매실청도 많이 넣으셨다. 어머니 오이지는 조금은 짜고 달았는데 식초도 많이 넣으셨나 봐."

"그랬나? 뭐가 들어갔는지는 몰라도, 난 시어서 싫었어. 아버지는 참 좋아하셨는데. 나랑 아버진 참 입맛이 달라."

"에이, 입맛이 안 맞았던 건 아니지. 반찬 궁합은 안 맞아도 간식 궁합은 아버님이랑 절친처럼 잘 맞았잖아. 그건 그렇고, 요즘은 그래도 오이지 가끔 먹긴 하잖아."

"마누라는 안 시게 하니까."

"아, 그렇지. 그런데 있잖아. 예전에 아버님이 내가 오이지 무쳐 갔을 때 당신이 하신 게 더 맛있으니까 하지 말라고 하셨거든? 그때는 쪼랩 며느리라 의기소침해졌었는데 다시 생각해보니까 나 귀찮을까 봐 하신 말씀이었나보다, 했단 말이야? 그럼 설마 내 생각해서가 아니라 아버님이 드시기에는 정말 맛이 없어서 그렇게 말씀하셨던 걸까? 짜고 달고 시지 않아서?"

"그렇지. 그건 정말 맛이 없어서였을 거야."

"아…."

괜히 물어봤다. 시아버지와 오이지의 추억은 아름답게 마무리될 수 있었는데 끝내 그러지를 못했네. 이미 돌아가신 분께 여쭐 수도 없고, 이거야 원. 만약 살아계셨더라도 진짜 속마음은 말해주지 않고, 내가 좋아하던 배시시한 웃음으로 대신하셨겠지. 아니야, 아버님이라면 '내가 한 게 더 맛있다'는 말이 진심이었을지도. 어느 쪽이든 아버님다운 면모다. 그래, 이제와 진실이 뭐 중요한가. 그냥 나를 배려해주셨던 거라고 생각하련다. 알게 뭐람. 그냥 그럴 거라고 내 마음대로 믿어 버려야지.

오이지 무침은 이렇게 만들어요.

재료　　오이지, 고춧가루, 매실청, 마늘, 파, 참기름, 깨

① 얇게 썬 오이지를 물에 담그고 짠 기를 빼요.
② 짠 기를 뺀 오이지는 면보를 이용하거나 맨손의 악력으로 물기를 꽉 짜요.
③ 준비된 양념을 넣고 조물조물 무쳐요.

* 매콤한 맛을 원한다면 매운 고춧가루를 쓰기보다는, 청양고추를 넣어주는 게 더 좋아요. 조금 더 청량하고 경쾌한 매운맛을 느낄 수 있달까요.
* 입맛에 따라 설탕이나 식초를 넣어도 좋아요. 이건 아마도 시아버지 입맛… 확인할 수는 없지만….

맛있게 드세요.

대용량 고등어조림

오늘의 저녁 설거지를 하며 내일의 메뉴를 생각한다. 세제를 묻히며 냉장고 속 식재료를 떠올리고, 물로 헹구는 동안엔 각 재료에 어울리는 메뉴를 계획하는 식으로. 하지만 생각이라는 건 워낙 제멋대로라 길을 잃고 엉뚱한 방향으로 빠져버리기 일쑤다. 끝내 머릿속으로 열어놓은 냉장고 문은 닫지도 못하고 생각 따라 이리저리 흘러가는 날이 더 많다. 다행히도 어제는 생각을 잘 붙들어 맸고, 오늘 아침 출근하는 남편에게 저녁 메뉴를 예고할 수 있었다. 오늘은 갈치조림이라고.

남편의 회사 근처에는 맛집이 많다. 그 가운데 점심시간의 1분 1초가 아까운 직장인들도 줄을 서게 하는 고등어조림 집이 있는데, 그곳엘 종종 간다는 것을 알고 있다. 갈치조림을 예고한 건, 고등어와 갈치는 생선조림이라는 카테고리로 묶이니 이왕이면 메뉴가 겹치지 않기를 바라는 마음에서다.

혹여 미리 정해놓은 메뉴가 없다면, 그날의 저녁 메뉴를 선택하기에 앞서 남편의 점심 메뉴를 확인하기도 한다. "점심엔 뭐 먹었어?" 또는 "저녁으로 된장찌개 어때(점심에 된장찌개를 먹진 않았지)?"처럼. 마치 약속이나 한 듯이 그의 점심 메뉴와 내가 준비한 저녁 메뉴가 겹쳐서 본의 아니게 남편이 같은 메뉴를 하루에 두 번 먹는 날이 종종 있었다. 정작 본인은 어차피 맛이 다르니 상관없다고 하지만 내가 싫다. 일단 나부터가 같은 메뉴를 연이어 먹는 걸 썩 좋아하지 않는다. 그러니 그가 괜찮다고 해도 차마 그럴 수는 없지.

해동되는 시간을 고려해 갈치를 꺼내려 냉동실을 열었는데… 응? 왜 세 토막이지? 그것도 작은 크기로. 갈치가 있다는 것만 떠올렸지 그 양이 얼마나 되는지는 고려하지 않았구나. 다시 보니 지난봄 영란 씨의 냉장고에서 이사 온 갈치였다. 봄부터 가을까지 참 오래도 있었구나. 이 작은 세 토막으로는 1인분이 겨우 나올 테니 다음에 혼자 먹는 저녁에 꺼내기로 하고 냉동실 문을 닫았다. 다시 머릿속으로 냉장고와 팬트리를 빠르게 스캔하던 중 꽁치 통조림이 떠올랐다. 좋아. 김치를 넣은 꽁치 김치찌개로 바꿔야지. 조림에서 찌개로의 메뉴 변화가 아쉽지만, 갈치든 꽁치든 어쨌든 생선이니까. 그렇게 꽁치 캔을 꺼내 든 순간, 어제 스치듯 보았던 전단지가 눈에 들어왔다.

 퇴근한 남편이 들고 온 동네 마트의 전단지. 엘리베이터를 기다리는 동안 남편은 벽에 붙은 아파트 소식이나 광고 전단지를 살펴보는데, 그걸 굳이 집까지 들고 들어올 때가 있다. 돈을 들여 광고하는 사람들의 입장에서는 정말 좋아할 만한 사람이지 않은가.

 어디 보자. 마침 오늘내일 이틀간 생물 고등어가 두 마리에 6,890원으로 할인이라고 한다. 그래, 오늘은 바로 생물 고등어, 너다. 남편이 들고 온 전단지가 반짝 빛나는 순간이다. 이래서 수시로 전단지를 갖고 들어오는 남편을 막을 수가 없다니까. 꽁치 통조림은 나중에 다시 만나기로 하고 오늘은 고등어와 함께하기로.

딱 고등어 철이다. 여름에 산란을 마치고 겨울을 대비해서 살이 오를 때가 바로 지금이다. 그 말은 곧, 가장 맛이 좋을 때라는 말이기도 하다. 제철을 맞은 고등어는 아무런 양념도 없이 그대로 굽는 게 부드럽고 고소한 맛을 가장 잘 느낄 수 있다. 그러나 그건 다음으로 미루고 오늘은 계획대로 조림이다.

아껴둔 묵은지를 꺼내 양념을 털어냈다. 오래 끓여도 뭉개지지 않을 가을무를 먹음직스럽게 썰어 김치와 먼저 끓여준다. 고등어는 신선한 생물이어도 내장 쪽을 깨끗하게 씻지 않으면 비린 맛이 나 맛을 해칠 수 있어 신경 써서 씻어야 한다. 양념도 미리 만들어둔다. 무에 김치 양념이 잘 배어들었을 때, 손질해둔 고등어와 만들어놓은 양념을 넣는다. 아, 맛있는 냄새. 코로 들어온 냄새가 혀끝을 자극한다. 혀의 저 안쪽에서는 침샘이 열리고 비강에서부터 흥얼흥얼 콧노래가 절로 나온다.

고등어를 사 들고 오면서부터 내내 루시드폴의 노래 〈고등어〉가 혀끝에서 맴돌았다. 나보다 윗세대라면 김창완 아저씨의 〈어머니와 고등어〉를 떠올렸으려나. 한밤중에 목이 말라서 열어 본 냉장고 속 자반 고등어에서 어머니의 마음을 느꼈다던 그 곡. 아니지. 이건 세대 간의 차이보다는 입장의 차이에서 비롯된 것에 더 가까운지도 모르겠다. 내 입장이 어머니가 내일 아침에 구워주실 고등어를 떠올리며 설레는 화자(자녀)에서 벗어나 그 고등어를 굽는 어머니 쪽이라서. 그래서 김창완 아저씨의 곡보다는 고등어가 화자인(…그렇다고 내가 고등어는 아니지만) 루시드폴의 곡이 더 와닿았던 건 아닐는지.

노래 가사처럼, 꽃등심보다는 맛이 없고 비릴지라도 수많은 저녁 밥상을 지켜온 고등어. 튼튼한 지느러미로 바다를 헤엄쳐 돈이 없는 사람들도 배불리 먹을 수 있게 해주는 다정한 고등어. 할인이라는 이름 아래 몸값을 낮추면서까지 우리 집 밥상을 지켜주게 된 고마운 고등어. 보글보글 진한 양념이 끓어오르는 소리에 맞춰 루시드폴의 고등어를 흥얼거린다. 입으로는 가사를 읊고, 머리로는 '맛있어져라, 맛있어져라' 주문을 외우다 보니 그제야 냄비 안의 엄청난 양이 눈에 들어왔다.

 제철을 맞아 살이 제대로 오른 고등어 두 마리와 맛있는 가을무도 모자람 없이 듬뿍. 묵은지도 서운하지 않게 넣었더니, 이건 뭐 4인분은 족히 되겠는걸.

 가끔 이럴 때가 있다. 어려서부터 엄마는 늘 큰 냄비를 사용하셨다. 네 식구가 다음 날까지 먹을 수 있을 만큼, 아니면 하루 더 해 그다음 날까지도 먹을 수 있을 만큼 만드느라 그러셨겠지. 그걸 보고 자라온지라 나도 결혼하면서 아무런 고민 없이 큰 냄비를 샀더랬다. 고작 두 식구뿐이라도 '모자라는 것보다는 남는 게 낫다'는 마음도 한몫했다. 그러다 보니 만들어놓은 음식의 바닥이 가까워질수록 그 맛이 처음보다는 덜하게 느껴졌다. 게다가 '먹어 치워야 한다'는 숙제까지 더해지다 보면 끝내 다 먹지 못하고 버리는 날도 적지 않았다. 그릇의 크기는 마음 그릇의 크기만 키우면 되는 것을, 마음은 키우지 못하고 밥그릇만 키워버린 꼴이 되고 말았다. 둘이서 한 번 먹을 만큼만 만들어야겠다는 생각은 늘 해왔지만 생각과는 달리 양 조절에 번번이 실패했다. 결국, 애초에 많은 양을 담을 수 없는 작은 냄비로 바꾸고서야 달라질 수 있었다.

작은 냄비에 적응하기란 쉽지 않았다. 큰 냄비에 맞춰진 양을 작은 냄비에 넣다 보니, 냄비가 넘치도록 가득 담고 조리하는 바람에 냄비도 가스레인지도 양념으로 범벅이 되기 일쑤였다. 짧지 않은 시행착오 끝에 이제는 작은 냄비로 한 끼 만큼만 조리할 수 있게 되었지만, 이렇게 가끔은 실수할 때가 있다. 특히 지금처럼 커다랗고 바닥이 깊은 웍을 선택한다면 거의 100퍼센트의 확률로. 알면서도 웍을 선택한다는 건 나도 모르는 사이 내 안의 저 깊은 곳에서 대량 조리를 바라는 순간들이 신호를 보내는 걸까. 대용량 고등어조림을 마주한 남편에게 손 큰 김영란 여사님 딸이라는 칭찬인지 아닌지 알 수 없는 말을 또 듣겠네. 어디서 묵은지 고등어조림 파티원이라도 구해야 하나.

성경에는 예수께서 떡 다섯 개와 물고기 두 마리로 5천 명을 먹이셨다는 이야기가 있다. 난 떡은 없고 물고기 두 마리뿐이니 5천 명까지는 어렵고, 오늘 하루 수고하고 들어오는 내 남편만큼은 배불리 먹일 수 있겠다. 제철 고등어와 무, 그리고 지난 시간이 담긴 묵은지로 만든 오늘의 메뉴에는 어쩐지 시간의 위로가 스며있는 것 같다. 뭐랄까. 마치 수고한 지금을 과거가 다정히 어루만져주는 느낌이랄까. 꿈보다 해몽이 너무 좋았나. 해몽이라도 좀, 어떻게 안 될까.

어느덧 남편의 퇴근 시간이다. 입차 알림이 뜨고 잠시 후 조용히 현관문이 열린다. 루피와 보아가 어서 오라며 목청 높여

짖는다. 가을무와 깊은 맛의 묵은지가 어우러진 고등어조림 냄새가 가득한 집으로 그가 돌아왔다.

"어서 와, 수고 많았어!"

고등어조림은 이렇게 만들어요.

재료　　고등어, 무, 양파, 대파, 기호에 따라 청양고추,
　　　　육수(없으면 그냥 물)

양념　　진간장, 맛간장(없으면 진간장+설탕), 참치액, 고춧가루,
　　　　맛술, 설탕, 후추, 참기름, 마늘, 생강

① 냄비에 무를 깔고 무가 잠길 만큼 육수를 붓고 끓여요.
② 무가 적당히 익으면 무 위에 양파와 고등어를 올리고, 만들어놓은 양념을 고등어 위에 골고루 부어요.
③ 바글바글 끓으면 숟가락으로 아래쪽의 국물을 떠 고등어 위로 촤락촤락 부어줘요.
④ 마지막으로 대파와 청양고추를 올리면, 끝!

* 조림에 들어가는 무는 푹 익어 양념이 잘 배어야 맛있죠. 무를 먼저 끓이는 이유는 푹 익혀 양념이 잘 배도록 하기 위해서예요.
* 무 대신 감자를 넣어도 맛있어요.
* 묵은지를 넣을 때엔 김칫소는 털어주고, 양념장의 간장과 고춧가루 양을 줄여주세요.

영란 씨는 이렇게 만들어요.

재료   고등어, 무, 양파, 당근, 청양고추

양념   진간장, 고춧가루, 맛술 조금, 다진 마늘 듬뿍,
           후추와 생강 조금, 그리고 시판 매운갈비양념

① 냄비에 무-고등어-청양고추-양파와 당근을 올려요.
② 준비된 양념을 부어줘요. 양념 그릇에 묻은 양념은 물을 조금 담아 휘휘 저어 냄비에 부어요.
③ 파르르 끓어 오르면 뚜껑을 닫고 불을 줄여요. 중간중간 아래쪽의 양념을 숟가락으로 떠 위로 촤락촤락 부어줘요.

대용량 고등어조림을 먹고 며칠 후 친정에 갔을 때, 영란 씨도 제철을 맞은 고등어를 사다 조림을 만들어놓으셨더라고요. 무와 당근을 미리 익히면서 갈비양념을 넣으셨어요. 다른 말을 보탤 필요도 없이 그냥 맛있었습니다. 영란 씨의 고등어조림 레시피의 킥은 바로 매운갈비양념이었어요. 역시 대기업의 석박사님들 최고!

                                          맛있게 드세요.

삶을 대하는 시선 식 시리즈2
표현의 방식

초판 1쇄 발행	2025년 9월 29일
지은이	이은
펴낸곳	마누스
발행인	정가영
디자인	지민채
출판등록	2020년 8월 19일 제348-25100-2020-000002호
팩스	0504-064-7414
이메일	manus2020@naver.com

ⓒ 이은, 2025

ISBN   979-11-94176-79-4 (03810)

삶에서, 책으로.
마누스 Manus